Le jour où...

1987-2007

France Info 20 ans d'actualité

20 ANS france info

Futuropolis

À Didier Lefèvre.

28 AUTEURS POUR 20 ÉVÉNEMENTS

	DAVID B
SALMAN RUSHDIE MENACÉ PAR UNE FATWA	14 FÉVRIER 1989
	GUY DELISLE
LE MASSACRE DE LA PLACE TIENANMEN	5 JUIN 1989
	JEAN-DENIS PENDANX & CHRISTOPHE DABITCH
LA CHUTE DU MUR DE BERLIN	9 NOVEMBRE 1989
	KRIS & THIERRY MARTIN
LA LIBÉRATION DE NELSON MANDELA	11 FÉVRIER 1990
	JACQUES FERRANDEZ
LE SIÈGE DE SARAJEVO	5 FÉVRIER 1994
	JEAN-PHILIPPE STASSEN
LE GÉNOCIDE RWANDAIS	6 AVRIL 1994
	PHILIPPE DUPUY & CHARLES BERBERIAN
LA MORT DE FRANÇOIS MITTERRAND	8 JANVIER 1996
	BLUTCH
LA MORT DE LADY DI	31 AOÛT 1997
	JEAN-C. DENIS
LA COUPE DU MONDE DE FOOTBALL	12 JUILLET 1998
	CHARLES MASSON
LE SCANDALE DU SANG CONTAMINÉ	9 FÉVRIER 1999
	EMMANUEL GUIBERT, DIDIER LEFÈVRE ET FRÉDÉRIC LEMERCIER
LA GUERRE AU KOSOVO	12 JUILLET 1999
	ÉTIENNE DAVODEAU
LA FRANCE RAVAGÉE PAR LA TEMPÊTE	26 DÉCEMBRE 1999
	BARU
LA FIN DU SERVICE NATIONAL	27 JUIN 2001
	PIERRE CHRISTIN & GUILLAUME MARTINEZ
LES ÉTATS-UNIS FRAPPÉS PAR LE TERRORISME	11 SEPTEMBRE 2001
	PASCAL RABATÉ
LA CANICULE	5 AOÛT 2003
	JOE SACCO
LA SECONDE GUERRE D'IRAK	28 AVRIL 2004
	SIMON HUREAU
LE TSUNAMI	26 DÉCEMBRE 2004
	PIERRE BAILLY & DENIS LAPIÈRE
LA TRAVERSÉE DU PACIFIQUE DE MAUD FONTENOY	26 MARS 2005
	ÉTIENNE LE ROUX & LUC BRUNSCHWIG
LA LIBÉRATION DE FLORENCE AUBENAS	12 JUIN 2005
	DAVID PRUDHOMME
LES BANLIEUES EN FEU	27 OCTOBRE 2005

1er juin 2007, France Info a 20 ans.

Depuis deux décennies, la radio d'information continue de Radio France imprime sa marque dans le paysage audiovisuel au-delà des espérances de ses créateurs. Sa mission – rendre compte des faits le plus rapidement possible, permettre à chacun d'en prendre connaissance quand il le souhaite, donner les clés pour comprendre l'actualité – répond aux attentes d'un public qui, chaque jour, à tout instant, a besoin d'être toujours mieux informé pour agir, travailler, se cultiver, voter, se distraire, réfléchir.
France Info parle de la vie, toute la vie : elle brosse ses bonheurs et ses malheurs, dépeint les guerres et les beautés de l'aventure humaine, croque touche par touche petits plaisirs et tracas de notre quotidien, met en lumière les enjeux majeurs de l'avenir de la planète.

Depuis sa création, France Info s'intéresse à la bande dessinée : une chronique dominicale signée Jean-Christophe Ogier pour signaler les albums et les auteurs qui valent le détour, des partenariats pour soutenir les festivals et les grandes expositions et, depuis treize ans, un prix décerné à la meilleure bande dessinée d'actualité et de reportage de l'année.
Car la BD de notre enfance est devenue adulte et, aux côtés des récits de pure évasion que nous ne dédaignons évidemment pas, il en est désormais pour lesquels les auteurs puisent directement dans le réel la matière de leur inspiration.

De plus en plus présente dans les catalogues des éditeurs, cette bande dessinée-là tient du reportage, de l'essai, du témoignage, parfois de la harangue. Si quelques dessinateurs et scénaristes œuvrent de façon engagée, militante, la plupart, à l'image d'un Davodeau, préfèrent se dire « embarqués », portés par le réel ; Quoi qu'il en soit, tous gardent leur liberté d'artiste, ce que la journaliste Florence Aubenas, personnage de l'une des histoires que vous allez lire, nommait, lors d'une rencontre autour des BD reporters au Centre Pompidou, leur « subjectivité assumée ».

France Info a 20 ans. Célébrer cet anniversaire, c'est évidemment se retourner sur notre passé récent, faire émerger de nos mémoires les événements qui ont jalonné le chemin parcouru. 20 ans, 20 événements – pas forcément un par année, il en est de plus marquantes que d'autres.
Pour nous raconter leur vision des choses, une trentaine d'auteurs ont été sollicités. Pratiquement tous déjà remarqués, voire honorés par France Info, ils n'ont reçu qu'une seule consigne : que chacun se saisisse du réel avec sa sensibilité, son art du récit, la souplesse ou la rigueur de son trait.
Pour donner à voir et à penser, faire sourire, émouvoir et nous obliger à nous poser la question : que faisions-nous le jour où… ?
Les images ici font écho à ce que vous propose chaque jour France Info.

Bonne lecture et à bientôt à l'écoute de France Info.

Michel Polacco
Directeur de France Info

Prix France Info

Chaque année France Info décerne le Prix de la bande dessinée d'actualité et de reportage. Le jury des journalistes de la station fait son choix parmi une sélection d'une dizaine d'albums.

Lauréats

2007 : *Un homme est mort* de Kris et Étienne Davodeau, Éd. Futuropolis
2006 : *Les Mauvaises Gens* d'Étienne Davodeau, Éd. Delcourt
2005 : *Le Photographe tome 2* d'Emmanuel Guibert, Didier Lefèvre et Frédéric Lemercier, Éd. Dupuis
2004 : *Soupe froide* de Charles Masson, Éd. Casterman
2003 : *La Guerre fantôme* de Jacques Ferrandez, Éd. Casterman
2002 : *Persépolis tome 2* de Marjane Satrapi, Éd. L'Association
2001 : *Deogratias* de Jean-Philippe Stassen, Éd. Dupuis
2000 : *Passage en douce, carnet d'errance* d'Héléna Klakocar V., Éd. Fréon
1999 : *Palestine, une nation occupée* de Joe Sacco, Éd. Vertige Graphic
1998 : *Fax de Sarajevo* de Joe Kubert, Éd. Vertige Graphic
1997 : *Chiens de fusil* de Lax, Éd. Vents d'Ouest
1995 : *L'Homme qui fait le tour du monde* de Pierre Christin, Max Cabanes et Philippe Aymond, Éd. Dargaud
1994 : *La Fille aux ibis* de Lax et Frank Giroud, Éd. Dupuis

Le 14 février 1989,
sur Radio Téhéran, un écrivain tient la vedette.
Il s'appelle **Salman Rushdie**.
Son quatrième roman, *Les Versets sataniques*,
lui vaut de devenir la première cible occidentale
nommément visée par une fatwa
qui invite tout bon musulman à l'assassiner.

Depuis, Salman Rushdie vit caché.

David B

Homme de livres – ils envahissent ses images – nourri de tous les contes et légendes de l'Orient compliqué – dans ses histoires les turbans se déroulent comme des fleuves de soie –, David B ne pouvait qu'être sensible au symbole que représente l'homme de lettres traqué et à la cascade de conséquences de cette condamnation.

Dernier album paru : **Le Jardin armé et autres histoires**, Éd. Futuropolis

La fatwa contre "les Versets sataniques"
Juillet 1988
C'était la neuvième année de guerre entre l'Iran et l'Irak. Les deux pays à bout de forces, en, étaient réduits à faire la paix.
Les dirigeants iraniens menaient un combat messianique. Après avoir vaincu Saddam Hussein, l'allié de l'Occident, l'armée iranienne marchera sur Israël.
Elle libérera Jérusalem, troisième ville sainte de l'Islam, et là, tout sera possible.
Le douzième imam qui s'est occulté au neuvième siècle, et dont tous les chiites attendent le retour, pourra revenir.

Certains disaient qu'il était déjà revenu et que c'était l'ayatollah Khomeiny en personne qui l'incarnait.
Il le laissait dire.
Mais la guerre n'est pas une marche triomphale, les deux armées s'épuisent dans une guerre de positions.
C'est une guerre moderne et archaïque, où l'on utilise les missiles, les gaz de combat et les enfants-soldats lancés en vagues d'assaut.
Khomeiny avait dû accepter un cessez-le-feu.
Heureux ceux qui sont morts en martyrs. Survivre est un malheur pour moi et prendre cette décision est comme boire une coupe de poison.

C'est le 13 février 1989 que l'ayatollah entendit pour la première fois parler d'un livre appelé "Les versets sataniques".
Sur l'écran des manifestants pakistanais meurent sous les balles de la police devant le Centre culturel américain à Islamabad.
Impressionné par ces images il s'informe sur la nature du livre et délivre sa fatwa.
Je veux informer tous les vaillants musulmans du monde que l'auteur du livre intitulé "Les versets sataniques"...
Aussitôt le discours de Khomeiny connu en Angleterre, Salman Rushdie est placé sous protection spéciale par la police.
... ainsi que les éditeurs qui connaissent son contenu sont, par la présente, condamnés à mort.
Pour l'Iran cette fatwa tombe très mal. Ruiné par la guerre, le pays tente de rompre avec son isolement diplomatique.
Je demande à tous les musulmans zélés de les exécuter, où qu'ils se trouvent, afin que perso-

Les tenants de cette diplomatie, l'ayatollah Khameneï en tête, essayent immédiatement de minimiser la portée de la condamnation.
Si Rushdie se repent, les musulmans lui pardonneront.
Khomeiny répond le 19 février...
Même si Salman Rushdie se repent et devient le plus pieux des hommes, il importera toujours à tout musulman de donner sa vie pour l'envoyer en enfer.
La fatwa devient un enjeu dans les luttes de clan que se livrent les mollahs et les ayatollahs.
L'ayatollah Montazari, successeur désigné de Khomeiny, est déchu pour avoir contesté la validité de la sentence.
Les groupes terroristes islamistes se livrent à une surenchère effrénée.
Les partisans du Guide suprême créent une fondation qui finance la mise à prix de Salman Rushdie.
Nous le tuerons !
C'est nous qui aurons Rushdie les premiers !
Moi je te dis que ce sera nous !
Non, ce sera nous !

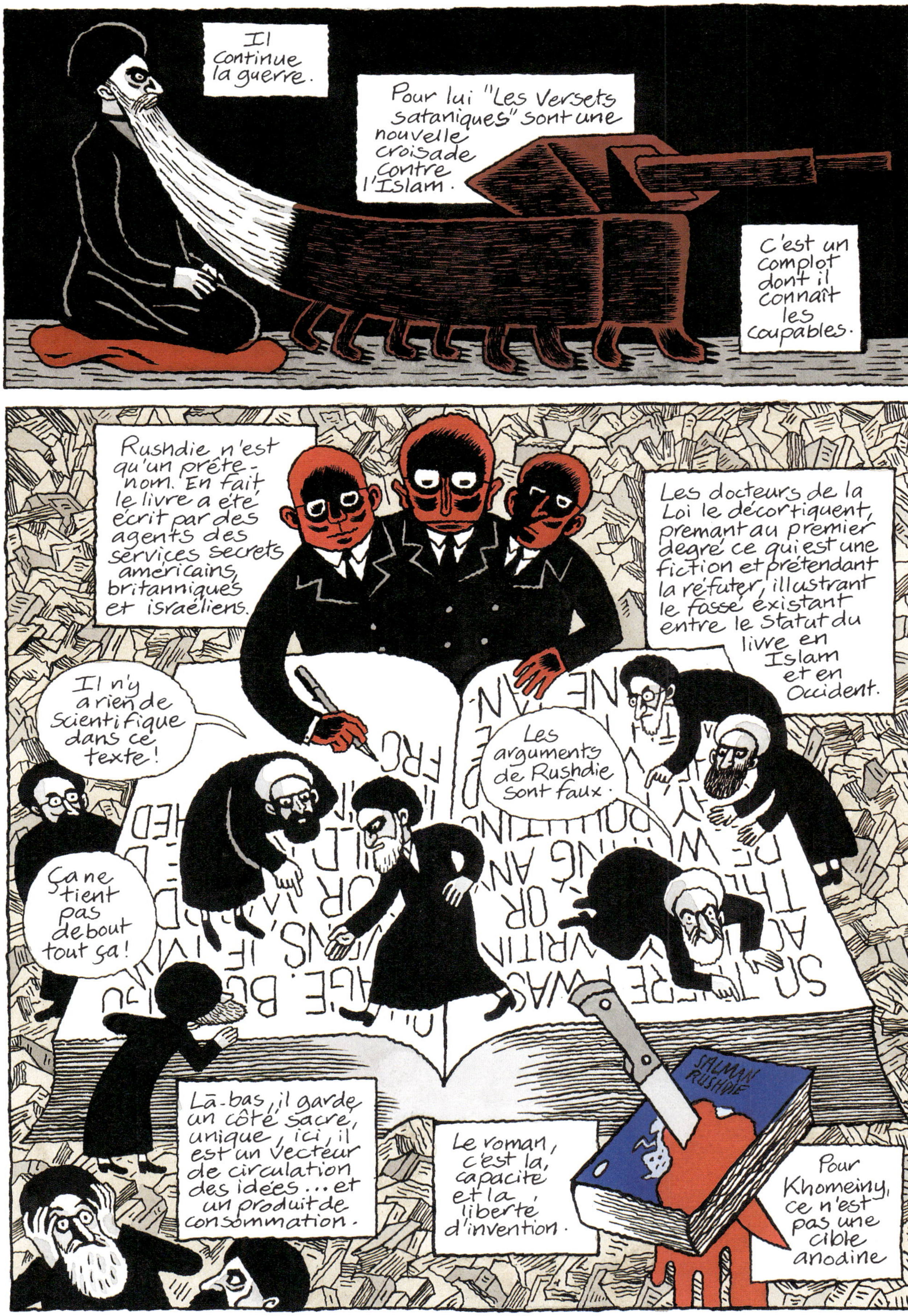
Il continue la guerre.
Pour lui "Les Versets sataniques" sont une nouvelle croisade contre l'Islam.
C'est un complot dont il connaît les coupables.
Rushdie n'est qu'un prête-nom. En fait le livre a été écrit par des agents des services secrets américains, britanniques et israéliens.
Les docteurs de la Loi le décortiquent, prenant au premier degré ce qui est une fiction et prétendant la réfuter, illustrant le fossé existant entre le statut du livre en Islam et en Occident.
Il n'y a rien de scientifique dans ce texte !
Les arguments de Rushdie sont faux.
Ça ne tient pas debout tout ça !
Là-bas, il garde un côté sacré, unique, ici, il est un vecteur de circulation des idées... et un produit de consommation.
Le roman, c'est la capacité et la liberté d'invention.
Pour Khomeiny, ce n'est pas une cible anodine
SALMAN RUSHDIE

La fatwa est une arme mobile qui lui permet de frapper en même temps plusieurs adversaires.
Il l'a utilisée contre les "modérés" de son propre camp.
Contre les Occidentaux.
Il s'en sert également contre l'Arabie Saoudite.
C'est l'éternel combat entre l'Iran chiite, et l'Arabie sunnite et gardienne des lieux saints de l'Islam, pour l'autorité spirituelle sur le monde musulman.
Le régime saoudien a réagi le premier en condamnant le livre de Rushdie.
Khomeiny reprend la main. En condamnant l'homme, il se montre comme plus rigoureux et plus puissant que son concurrent.
Par son intransigeance il se met à dos les autorités des pays qui se sont contentés d'interdire le livre.
Peu lui importe, il vomit les régimes arabes.
Ils ont soutenu Saddam Hussein durant la guerre Iran-Irak. Par-dessus les États, il se pose en leader spirituel des peuples.

La première victime de la guerre de l'ombre autour des " Versets sataniques." est un imam saoudien vivant à Bruxelles qui est assassiné le 29 mars 1989.
Il avait déclaré : " Nous sommes dans un pays démocratique (la Belgique) où chacun à le droit de s'exprimer comme il l'entend. On ne peut pas condamner un homme à mort de cette fason."
L'ayatollah Khomeiny meurt le 3 juin.

Il était le seul à pouvoir la rapporter, avec sa mort elle devient imprescriptible.
Dans les années 90 le régime iranien reprend les campagnes d'assassinats contre les opposants politiques réfugiés à l'étranger.

Parallèlement à ces meurtres, différents attentats ont lieu contre les éditeurs ou les traducteurs du livre de Salman Rushdie et contre des personnes ayant contesté la fatwa.

C'est que la terre tourne.
L'attention est attirée ailleurs.
L'URSS a retiré ses troupes d'Afghanistan avant de s'effondrer.
Saddam Hussein a envahi le Koweit le 2 août 1990 déclenchant la première guerre du Golfe.
L'Iran est ravi de voir ses ennemis d'hier : Américains, Koweitiens, Saoudiens et Irakiens se battrent entre eux.
En octobre les Syriens envahissent et occupent le Liban.
La Yougaslavie éclate en décembre.
En 1991 l'Arabie Saoudite refuse l'aide d'Oussama Ben Laden contre l'Irak préférant l'aide américaine...
Le 14 février de l'année 2006 le président Rafsandjani reconfirme la fatwa contre Salman Rushdie.

Le 5 juin 1989,

la troupe a déjà tiré. Cela fait quarante-huit heures que l'armée populaire de libération a entrepris de mater dans le sang la mobilisation des étudiants chinois.

Installée sur **la place Tienanmen**, la jeunesse réclame la démocratisation du régime. Des centaines de manifestants sont tués. On estime que plusieurs milliers d'autres sont blessés.

Une nouvelle colonne de chars arrive. Un homme, un cabas dans chaque main, se tient, immobile, au milieu de la route. Seul, il va stopper la marche des blindés. La photo fera le tour du monde.

Depuis, il a disparu, comme la plupart de ceux qui, ces jours-là, ont défié le pouvoir à Pékin.

Guy Delisle
fait un métier a priori à l'abri des soubresauts de la planète. Auteur de bandes dessinées, il a également dirigé des équipes de créateurs de dessins animés. Mais voilà, les studios parmi les plus performants du monde se trouvent en Corée du Nord et en Chine. Il a donc passé beaucoup de temps à regarder fonctionner au quotidien les États communistes.

Il en a tiré deux récits en images éloquents : **Pyongyang** et **Shenzhen** Éd. L'Association.

TIENANMEN
EN 89, J'ÉTAIS EN ALLEMAGNE.
JE TRAVAILLAIS DANS UN STUDIO D'ANIMATION À MUNICH, ET JE NE M'INTÉRESSAIS GUÈRE À CE QUI POUVAIT SE PASSER DANS LE RESTE DU MONDE.
17 AVRIL
RASSEMBLEMENT SPONTANÉ SUR LA PLACE TIENANMEN. DES CENTAINES D'ÉTUDIANTS SONT VENUS HONORER LA MÉMOIRE D'UN DIRIGEANT RÉFORMATEUR LIMOGÉ DU PARTI DEPUIS PEU.
IL FAUT DIRE QUE MON ACCÈS À L'INFORMATION ÉTAIT PLUTÔT LIMITÉ.
?
UN COLLÈGUE QUI PARTAIT M'AVAIT REFILÉ SON APPARTEMENT. J'ÉTAIS EN EUROPE DEPUIS QUELQUES MOIS ET JE N'AVAIS COMME SEULE POSSESSION QUE LE CONTENU DE MON SAC À DOS.

22 AVRIL
COMME IL ÉTAIT COUTUME DE LE FAIRE DU TEMPS DE L'EMPEREUR, 3 ÉTUDIANTS PRÉSENTENT UNE PÉTITION EN S'AGENOUILLANT SUR LES MARCHES DU PALAIS DU PEUPLE. MAIS AUCUN DIRIGEANT N'EN SORTIRA.
EN 89, ON SENTAIT BIEN QUE LE GRAND EMPIRE SOVIÉTIQUE DONNAIT DES SIGNES DE FATIGUE.
LES POLONAIS, LES PREMIERS, FAISAIENT TANGUER LE NAVIRE AVEC SOLIDARNOŚĆ QUE RIEN NE SEMBLAIT POUVOIR ARRÊTER.
SOLIDARNOŚĆ
BREF, À CETTE ÉPOQUE, UN VENT DE CHANGEMENT SOUFFLAIT EN EUROPE.
MAIS PERSONNE N'AURAIT PU IMAGINER, MÊME ICI EN ALLEMAGNE, TOUS LES BOULEVERSEMENTS QUE CETTE NOUVELLE ANNÉE AMÈNERAIT.
27 AVRIL
500 000 MANIFESTANTS SE MASSENT SUR LA GRANDE PLACE EN RÉPONSE À UN ÉDITORIAL QUI ASSOCIAIT LES ÉTUDIANTS GRÉVISTES À DES AGITATEURS.

RIEN DE SURPRENANT, DANS CE CONTEXTE-LÀ, DE VOIR QU'À L'AUTRE BOUT DU MONDE, LES CHINOIS AVAIENT DES ENVIES DE RÉFORMES EUX AUSSI.
EN ALLEMAGNE, JE N'AI JAMAIS EU DE STATUT LÉGAL.
JE RECEVAIS MA PAYE À LA FIN DU MOIS, ET LA CONSERVAIS AU FOND DE MES POCHES JUSQU'AU MOIS SUIVANT.
UN SOIR, JE ME SUIS FAIT CONTRÔLER. C'ÉTAIT BIEN LA PREMIÈRE FOIS DE MA VIE.
TOURIST.
LE STUDIO ÉTAIT REMPLI D'IRLANDAIS QUI, COMME MOI, VOYAGEAIENT EN TRAVAILLANT.
13 MAI
160 ÉTUDIANTS ENTAMENT UNE GRÈVE DE LA FAIM SUR LA PLACE TIENANMEN.

TICHE.
EIN TISCH !
ICH BIN EIN BERLINER ...
RZZ...
ICI, LES MAGASINS FERMENT LEURS PORTES LE SAMEDI MATIN À 11 HEURES.
ET QUAND ON TRAVAILLE TOUTE LA SEMAINE, ON FAIT COMMENT POUR LES COURSES ?
16 MAI
VISITE HISTORIQUE DE GORBATCHEV À PÉKIN ALORS QUE 3000 GRÉVISTES DE LA FAIM CAMPENT SUR LA GRANDE PLACE. LE SOMMET SERA CHAMBOULÉ PAR L'AMPLEUR DU MOUVEMENT.
LE SOIR, JE RENTRAIS DU BOULOT À VÉLO, EN PASSANT PAR UN IMMENSE PARC SANS ÉCLAIRAGE.
J'AVAIS VAGUEMENT LA TROUILLE. SURTOUT APRÈS QU'UNE AMIE M'EUT FAIT LIRE LA VIE D'ED GAIN, CÉLÈBRE SERIAL KILLER AMÉRICAIN, QUI DÉCOUPAIT SES VICTIMES EN RONDELLES.
4

19 MAI
DÉCLARATION DE LA LOI MARTIALE. LE PARTI EST DIVISÉ ENTRE DISCUSSION ET RÉPRESSION. LI PENG, LE FUTUR PREMIER MINISTRE, RÉUSSIRA À IMPOSER LE RECOURS À LA FORCE.
ÉCOUTONS-LES.
FOUTAISES.
LA PRODUCTION ÉTANT FINIE, JE REPRIS MON SAC À DOS. DIRECTION BERLIN OÙ UN STUDIO CHERCHAIT DES DESSINATEURS.
21 MAI
LES PREMIÈRES TROUPES SONT ENVOYÉES SUR PÉKIN. ELLES ONT ORDRE DE NE PAS TIRER. LA FOULE LES EMPÊCHE DE PROGRESSER. ELLES RESTERONT BLOQUÉES TROIS JOURS AVANT DE REBROUSSER CHEMIN.
J'ÉTAIS ENGAGÉ ET ON ME FOURNIT UN LOGEMENT QUE JE PARTAGEAIS AVEC UNE AUTRE BANDE D'IRLANDAIS.
LE WEEK-END, JE PASSAIS À BERLIN-EST POUR VISITER LEURS MUSÉES. IL Y AVAIT DES IMPACTS DE BALLES SUR CERTAINES FAÇADES.
27 MAI
PÉKIN EST EN PLEINE EFFERVESCENCE. LA PRESSE PUBLIE SES ARTICLES LIBREMENT. LE MOUVEMENT ATTEINT TOUTES LES COUCHES DE LA POPULATION.

3 JUIN
LE PARTI ENVOIE LES CHARS NETTOYER LA GRANDE PLACE COÛTE QUE COÛTE. ILS ARRIVENT DES QUATRE COINS DE LA VILLE.
LES PREMIERS AFFRONTEMENTS ONT LIEU DEVANT LES BARRICADES ÉRIGÉES PAR LA POPULATION POUR BLOQUER LES AXES PRINCIPAUX.
LES CHARS ATTEIGNENT TIENANMEN DANS LA NUIT. NOUVEAU BAIN DE SANG. APRÈS NÉGOCIATION, LES GRÉVISTES ÉVACUENT LA PLACE EN CHANTANT "L'INTERNATIONALE".
4 JUIN
LE LENDEMAIN, DES GROUPES SE REFORMENT PRÈS DE TIENANMEN ET TENTENT D'ENGAGER UN DIALOGUE AVEC LES SOLDATS.
APRÈS UNE COURTE SOMMATION, ILS OUVRENT LE FEU, TIRANT DANS LE DOS DES CIVILS.
CE SCÉNARIO SE RÉPÈTE PLUSIEURS FOIS AU COURS DE CETTE JOURNÉE. UNE AMBULANCE VENANT AU SECOURS DES VICTIMES SERA ABATTUE À SON TOUR.

5 JUIN
LE LENDEMAIN DE CE CHAOS MEURTRIER, UN HOMME SORT D'ON NE SAIT OÙ...
ET S'ARRÊTE DEVANT UNE COLONNE DE CHARS QUI DESCEND LA RUE.
LE CHAR STOPPE, HÉSITE, MANŒUVRE POUR LE CONTOURNER MAIS L'HOMME SE DÉPLACE À NOUVEAU POUR LUI BLOQUER LE PASSAGE.
ALORS QUE DES CENTAINES DE CIVILS VENAIENT DE SE FAIRE TIRER DESSUS, IL CONTINUE SON MANÈGE COMME S'IL S'AGISSAIT D'UN JEU.
APRÈS AVOIR GRIMPÉ SUR L'ENGIN, IL REDESCEND SANS AVOIR PU PARLER AU CONDUCTEUR QUI S'EST RÉFUGIÉ À L'INTÉRIEUR.
TROIS PASSANTS S'APPROCHENT, DISCUTENT ET REPARTENT. ILS DISPARAISSENT, CHACUN DE LEUR CÔTÉ, COMME SI RIEN NE S'ÉTAIT PASSÉ.
7

L'IMAGE DE CET HOMME BRAVANT L'IMPOSSIBLE A FAIT LE TOUR DU MONDE.
ELLE A MARQUÉ LES ESPRITS ET EN A INSPIRÉ PLUS D'UN QUI, QUELQUES MOIS PLUS TARD, FRAPPERONT À COUPS DE PIOCHE SUR LE MUR QUI SÉPARAIT LEUR VILLE DEPUIS 50 ANS.
DES ANNÉES PLUS TARD, LE TRAVAIL M'A CONDUIT À PÉKIN. LA PLACE TIENANMEN EST MAINTENANT TRUFFÉE DE CAMÉRAS DE SURVEILLANCE ET DES POLICIERS Y CIRCULENT EN PERMANENCE.
AUJOURD'HUI, TOUT LE MONDE SALUE LE MIRACLE ÉCONOMIQUE À LA CHINOISE.
L'OPPRESSION A FONCTIONNÉ. LE RÉGIME A RÉUSSI LE TOUR DE FORCE DE TOUT CHANGER EN APPARENCE SANS RIEN CHANGER EN PROFONDEUR.
8
"I DON'T LIKE POLITIC", ME RÉPONDAIT UN ANIMATEUR AVEC QUI JE TRAVAILLAIS À SHENZHEN. IL PROJETAIT DE S'ACHETER UN APPARTEMENT ET SA COPINE VOULAIT ABSOLUMENT AVOIR UN CHIEN.
A DOG!
DELISLE 06

Le 9 novembre 1989,
des milliers de personnes emportées dans un même élan tirent le rideau de fer sur le XXe siècle. Les enfants de la bombe, de Marx et du Coca-Cola s'attaquent à mains nues au symbole de la confrontation Est-Ouest, **le Mur de Berlin**.

Ce jour-là, en quelques heures, un monde dont on ne voyait pas la fin s'écroule.

Christophe Dabitch est scénariste ;
Jean-Denis Pendanx, dessinateur.
Leur parti pris : peindre l'Histoire,
ses incertitudes, ses mensonges, son souffle littéraire,
à hauteur d'homme.

Leur diptyque **Abdallahi,** Éd. Futuropolis.
a reçu le Prix de la bande dessinée 2006 des Rendez-vous de l'Histoire de Blois.

Des ordres?
Non, rien.
à l'unité 18 de la Volkspolizei.
Ils sont nombreux.

Et les nôtres ?
Ils ne bougent pas.
Ils devraient tirer, c'est la procédure.
On peut parler, maintenant.

Tu sais bien que c'est interdit, ils nous écoutent...
Et quoi ? Disons la vérité : c'est un mur antifasciste, il protège notre peuple contre le sabotage, la contrebande et l'agression permanente de l'Ouest ! C'est ça, la vérité, non ?
Tu n'es pas d'accord ?
t'es fou ! tais-toi !
Allez, dis ce que tu penses, c'est le moment...
Et merde.

Ils sont encore plus nombreux. Ils viennent en voiture maintenant. La rue est pleine.
De l'autre côté aussi. Tu les entends qui crient ? Ils se marrent, on dirait. Ils ont l'air joyeux.
T'as déjà tiré toi ?
oui.

Moi aussi, deux fois.
Tu les as eus ?
un seulement.
Ce n'était pas pour rien. C'était les ordres.
Qu'est-ce qu'ils foutent. Pourquoi ils appellent pas ?...
Ils peuvent pas juste dire un truc à la télé et rien derrière, et nous ?
S'il n'y a plus d'ordres, est-ce que ça veut dire que les ordres d'avant n'ont plus de valeur ?...
C'est comme s'ils n'avaient jamais existé, les ordres. On oublie tout ? ou ça veut dire que les ordres étaient illégaux ?...
Et ceux qui les ont suivi alors ?

Je ne te suis pas.
Je veux dire que c'est toi, le Vopo, qui as tiré.
Toi aussi, à ce compte.
Si ça s'ouvre, on pourra plus s'échapper. Ici, et l'autre côté, ce sera pareil.
Il y a quand même le mur.
Quel mur?
Je préférais quand tu la fermais.

Qu'est-ce que tu vas faire ?
Si j'ai bien compris, on est foutus. Autant y aller direct. De toute façon, avec ce qu'on a dit, si les services nous ont enregistrés ...
On pourrait aussi se changer, descendre et aller boire une bière de l'autre côté.
Tu crois qu'elle est meilleure ?
Peut-être.
J'ai passé dix ans dans ce mirador. Je me demande ce qu'ils vont en faire.
Regarde. Ils ouvrent...
Alors, tu tires ?

Les autres aussi arrivent!
Les nôtres repartent à la caserne. Tout le monde passe.
Ils se rejoignent!
Ça y est, ils se jettent les uns sur les autres.
Ils s'embrassent!
Le téléphone, il faut répondre...
DRRR
Laisse.

Le 11 février 1990,

en Afrique du Sud, un homme, noir, immense, souriant, sort de prison sous les vivats d'une foule en liesse.

C'est le plus ancien détenu politique de la planète. Vingt-sept années d'enfermement. Il s'appelle **Nelson Mandela**.

Plus que toute autre, sa figure symbolise la lutte contre le régime d'apartheid. Ce mot de la langue afrikaans est désormais compris dans le monde entier. Il définit un régime de ségrégation, de séparation systématique des populations de races différentes.

Libéré, Nelson Mandela négociera avec le président Frederik de Klerk la fin de l'apartheid. En 1993, les deux hommes partageront le Prix Nobel de la Paix.

L'année suivante, Mandela sera élu président de la République d'Afrique du Sud.

Kris

est breton. Il fut étudiant en maîtrise d'histoire et libraire avant de se consacrer à la bande dessinée. Avec un projet de scénario chevillé au corps, qu'il portera pendant plusieurs années avant de le voir mis en dessin par Étienne Davodeau.

Ce livre **Un homme est mort,** Éd. Futuropolis, a reçu le Prix France Info 2007 de la bande dessinée d'actualité et de reportage.

Thierry Martin

travaille actuellement avec Kris sur l'histoire d'un vieux bluesman qui ne veut pas mourir.

Il vient de publier **Le Roman de Renart** avec Mathis, Éd. Delcourt.

C'est une histoire banale...
Pour n'importe quel citoyen du monde, presque partout sur la planète elle alimenterait tout juste une fin de soirée entre amis.
Mais je suis un Noir, dans une voiture traversant Kroonstad, État libre d'Orange, Afrique du Sud, à la fin des années 1950.

Vous pensez peut-être détenir déjà les clefs de cette histoire.
OU 162 66
Ce type est en prison. C'est qu'il a commis un crime.
Un crime aggravé par le fait qu'il soit noir dans un endroit où il valait mieux ne pas l'être.
Vous vous trompez.

Même ici, à cette époque, on ne met pas un oir en prison parce qu'il a causé un accident corporel mineur.
À la limite, on pourrait l'y mettre pour avoir touché un Blanc, et peu importe si c'était pour l'aider.
Mais à Kroonstad, État libre d'Orange, Afrique du Sud, dans les années 1950, on m'aurait plus sûrement tué pour ça plutôt qu'emprisonné.
Ce n'est donc pas pour cette raison que je suis en prison.

OU 162 66
La suite de l'histoire est tout aussi banale.
Mais comme le contexte est le même, elle est tout aussi dangereuse.
J'ai fait plusieurs Kilomètres avant de trouver enfin une ferme où me ravitailler. J'avais déjà très faim et très soif car j'étais parti dans la précipitation et je ne devais rouler que quelques heures.
On m'a fermé la porte au nez et menacé au cas où je reviendrais.

J'ai marché pendant deux jours sans que personne ne m'aide.
J'étais dans une zone réservée aux Blancs, comme plus de 80% de l'Afrique du Sud. Et j'ai beau être noir, je ne sais pas chasser à mains nues ou trouver de l'eau en invoquant les esprits... Pourquoi le saurais-je mieux que vous ?
Vous pensez qu'un type bien m'a finalement aidé. En réalité, j'ai dit à cet homme que mon "baas" était en panne et je me suis fait passer pour son chauffeur "kaffir". Au final, ça m'a sauvé la vie je pense.
"Baas" vous pourriez le traduire par "bwana" et "kaffir" par "Nègre". Ces mots indiquent la soumission totale du Noir à son maître." "En réalité, je suis un jeune et brillant avocat de Johannesburg.

Voilà pourquoi je suis en prison.
Ce jour-là, j'allais chercher mon fils gravement malade pour qu'il puisse être opéré en urgence. Mais je n'habitais pas au même endroit que lui.
Un Noir en Afrique du Sud est soumis à un "pass" qui réglemente très précisément ses autorisations de déplacement.
Ce pass est établi uniquement en fonction de critères économiques utiles aux Blancs. Les nécessités familiales des Noirs ne comptent pas.
Pour obéir à la loi, devrais-je laisser mourir mon fils ?
Devrais-je accepter que la vie de mon enfant puisse dépendre
de la grosseur de mes lèvres ou de la texture de mes cheveux ?
Native
Coloured
Le peigne ne tombe pas. Cheveux crépus. Kaffir pass.
Oui, Baas.

Voilà pourquoi je suis enfermé.
Johannesbourg
Etat libre d'orange
Natal
Kimberley
Lesotho
Bloemfonteir
whites only
province du cap
Est London
Sans doute vous dites-vous que ça fait de nombreuses fois que vous me voyez là et que vous avez compris que j'étais en prison.
Je suis d'accord.
Boycott Apartheid
AP
Boycott Apartheid
Boycott Apartheid
Cela fait 26 cases.
27 maintenant. Une case par année de prison. 27 ans.
Mais enfermé ou dehors, cela ne faisait pas grande différence finalement. Voilà pourquoi je suis allé en prison.

Kris & Thierry Martin
2007

Le 5 février 1994,

un obus serbe tue 66 personnes sur le marché de Markalé à Sarajevo. Cela fait deux ans que la ville est assiégée. La Yougoslavie de Tito n'a pas résisté à la poussée des nationalismes.

La guerre a éclaté après les proclamations d'indépendance de la Slovénie, de la Croatie et de la Bosnie-Herzégovine en 1991, six mois à peine après la tenue des premières élections libres.

Les voisins d'hier se déchirent, des populations sont prises au piège, d'autres déportées. L'Europe redécouvre, indifférente, l'épuration ethnique, les massacres de masse, les snipers qui fauchent les vies une à une à travers la lunette de leur fusil.

Jacques Ferrandez

est un fils du Sud. Dans ses « Carnets d'Orient », il a entrepris de raconter l'histoire des pieds-noirs, dont il est, puis, en parallèle, de partir à la rencontre de ses frères méditerranéens. Il semble toujours se chercher dans les traits de celui ou celle qu'il dessine.

Son album **La Guerre fantôme**, tome 6 de ses Carnets d'Orient, Éd. Casterman, a obtenu le **Prix France Info 2003** de la bande dessinée d'actualité et de reportage.

Nos amis des collines

Le son des fusils, le bruit des obus, je pensais ne jamais les entendre dans ma vie...
Quand on parlait de guerre, du nombre de morts, des dates et des lieux, c'était abstrait...
On parlait des temps anciens, de ce qu'avaient vu les parents ou les grands-parents... ou alors de ce qui se passait ailleurs.

La ville est complètement assiégée.

Je suis terrée dans une cave. Le bombardement a duré plusieurs jours... Combien exactement, je ne sais pas...
Nous n'avons plus de lumière et on n'est plus capable de compter les jours...

Beaucoup de mes amis sont partis au début de la guerre, laissant parfois leur famille, leurs grands-parents qui ne voulaient pas bouger. Ils disaient qu'ils préféraient mourir ici.

J'entends le bruit des obus et des bombes mais le pire, c'est le silence. Car on ne sait jamais quand ni comment le silence va être rompu.

De temps en temps, on sort pour aller chercher de l'eau. Le seul robinet est à 100 mètres, mais l'eau est coupée depuis une semaine...

Un vieux monsieur, pas très loin d'ici, a un puits dans son jardin. On peut aller se servir. On prend des bidons et des seaux. Pas de snipers par là. Seulement des tirs de mortier, quelquefois...

Les gens abattent les arbres des parcs et des jardins pour se chauffer. D'autres brûlent leurs meubles et leurs livres...
On creuse de nouvelles tombes tous les jours.
Ma copine Marina a été tuée dans le parc où on jouait enfants. Un obus est tombé. Elle avait le même âge que moi.
Elle était serbe, moi, je suis musulmane mais ma grand-mère était croate et catholique.
Nos "amis des collines" nous rappellent qu'ils sont toujours là et qu'ils peuvent tout détruire...

Cette cave sombre, c'est ma guerre. Le désespoir, la faim, le froid, le malheur. C'est mon enfance.
Une nouvelle bombe est tombee. Plus personne ne bouge. Je vois les morts autour de moi. Ils ont l'air soulagé. Pour eux, c'est fini. Ils sont délivrés du cauchemar.
C'est la seule fuite possible quand on ne peut pas s'échapper, et quand personne ne se soucie de vous... Je n'ai pas peur de mourir... j'ai juste peur qu'on nous oublie...

Le 6 avril 1994,

le président rwandais Juvénal Habyarimana est assassiné. À 20h26 locales, après avoir été touché alors qu'il amorçait sa descente, le Falcon à bord duquel se trouvent le chef de l'État et son homologue burundais s'écrase dans les jardins de la résidence présidentielle.

L'annonce de l'attentat déclenche dans la région des grands lacs des massacres de masse qui ne cesseront que quatre mois plus tard. Il faudra encore plus de temps pour que le monde prenne conscience.

Un génocide programmé a fait, selon les estimations de l'ONU, entre 800 000 et un million de victimes.

Un tribunal pénal international a entrepris de juger les meurtriers, mais les responsabilités et notamment celles des nations occidentales n'ont pas encore été clairement établies.

Jean-Philippe Stassen

est obsédé par le drame rwandais.
Très lié à l'Afrique, il n'a de cesse de savoir
ce qui s'est passé pour témoigner à son tour en dessinant
des visages au regard sombre dans des images
portées par des couleurs vives.

Son album **Deogratias**, Éd. Dupuis,
a reçu le **Prix France Info 2001** de la bande dessinée d'actualité et de reportage.

UN MILLION DE MORTS, ET VOIR CHAQUE JOUR LES ASSASSINS, COMME CELA, À L'AIR LIBRE... MOI QUI NE SUIS POURTANT PAS RWANDAISE, JE NE PEUX LES REGARDER... REGARDER CHACUN D'ENTRE EUX SANS EN ÉPROUVER DE L'EFFROI. COMMENT FAITES-VOUS POUR SUPPORTER CELA?... JE VEUX DIRE, EUH...VOUS.
VISI
VOUS VOULEZ DIRE : NOUS, LES TUTSIS ET EUX, LES HUTU ? C'EST ÇA?
NO SM
The New Time
Bill Gates visits Rwanda
VOUS SAVEZ, KIM, CES MOTS, MIEUX VAUT LES OUBLIER. NOUS SOMMES TOUS RWANDAIS. IL NOUS FAUT REGARDER ENSEMBLE L'AVENIR.
Baby gori
1

ET D'AILLEURS, COMMENT SAVEZ-VOUS QUE JE SUIS TUTSI ? JE NE VOUS L'AI PAS DIT.
NO SMOK
PAS FU
OH, BIEN... JE SAIS, C'EST RIDICULE... DÉDUIRE UNE IDENTITÉ DE L'APPARENCE PHYSIQUE DE QUELQU'UN. C'EST MAL, MÊME...
JE SAIS QUE SI L'ON DEVAIT SE FIER À CE QUE L'ON VOIT DE MOI, ON NE POURRAIT EN DÉDUIRE MA NATIONALITÉ FRANÇAISE, QUI EST UNE PART DE MON IDENTITÉ.
ET C'EST TANT MIEUX. VOUS SAVEZ CE QUE NOUS PENSONS DES FRANÇAIS, ICI...
MOI, JE PRÉFÈRE JUSTEMENT VOTRE PART D'IDENTITÉ QU'EST VOTRE APPARENCE CAR JE N'EN DÉDUIS RIEN DE PLUS QUE VOUS ÊTES TRÈS JOLIE, KIM... HUM !... EXCUSEZ-MOI... TOUJOURS PARTANTE DEMAIN ?
VISION 2020
CAFE
Cybercafe
II

OUI, J'AI HÂTE D'ÊTRE DEMAIN POUR VISITER CE MÉMORIAL...
C@FE
AH?... UN DÉLESTAGE.
GRR...
TSS...
MERDE.
...
REGARDER L'AVENIR DANS LE NOIR... HUM. C'EST DIFFICILE...
VISION 2020
NO FLIP-FLOP
UMUJ
WA
III

C'EST DIFFICILE... COMMENT DIRE ?
C'EST TERRIBLE : JE SAIS QUE CES CORPS ÉTAIENT DES GENS ...
ON PEUT PRENDRE DES PHOTOS. IL FAUT EN PRENDRE, MÊME...
IV

JE DISAIS : JE LE SAIS MAIS JE NE LE SENS PAS.
ET NE PAS SENTIR QUE CES CORPS ONT ÉTÉ DES GENS TOUT EN LE SACHANT... COMMENT DIRE ?...
JENOSID
never again
NEVER AGAIN
C'est bouleversant.
Plus jamais ça.
PLUS JAMAIS
OUI, EUH... C'EST TERRIBLE... JE SUIS DÉSOLÉE. EXCUSEZ MON MANQUE D'IMAGINATION.
MAIS NON : C'EST TRÈS BIEN, KIM.

UMUSHINWAKAZI W'UMUJYI !
YAH ! KUN-FU !
AMA-FARANGA !
KUN-FU !
AMAFA-RANGA !
ILS VEULENT DE L'ARGENT.
OUI...
J'AVAIS COMPRIS.
NDAMUKUNDA.
NKUNDA UYU MUSHINWAKAZI. NKUNDA AMABERE YE.
QU'EST-CE... QU'EST-CE QU'ELLE A DIT ?
6

OH RIEN... C'EST UNE FOLLE... NE VOUS EN FAITES PAS, KIM.
PEUT-ÊTRE... PEUT-ÊTRE EST-ELLE L'UNE DE CES FEMMES QUI ONT SOUFFERT DURANT LE GÉNOCIDE...
- PEUT-ÊTRE A-T-ELLE ÉTÉ VIOLÉE...
-NON, KIM: C'EST UNE FOLLE.
CETTE FEMME, IL ME SEMBLAIT POURTANT QUE, COMME VOUS...
VISION 2020
Cyber@fe
EUH... AHEM... C'EST INTERDIT DE FUMER ICI.
OH! JE SUIS DÉSOLÉE.

AH! REGARDEZ! ÇA Y EST : ON LES EXPULSE ENFIN CES RATS DE FRANÇAIS! CES GÉNOCIDAIRES!
VISION 2020
Cybercafé
EUH... JE NE DIS PAS ÇA POUR VOUS... VOUS N'ÊTES PAS VR... AH ZUT! ENCORE UN DÉLESTAGE !...
VISION 2020
HU HU !... C'EST PEUT-ÊTRE BIEN LES FRANÇAIS QUI ONT COUPÉ LE COURANT EN PARTANT? HUM...
EXCUSEZ-MOI DE REVENIR LÀ-DESSUS MAIS... POURQUOI DISIEZ-VOUS QU'ELLE N'EST QUE FOLLE? ELLE RESSEMBLE POURTANT À UNE RESCAPÉE.
OH NON, KIM !...
ENCORE VOS HISTOIRES DE HUTUS-TUTSIS...
JE SUIS DÉSOLÉE. ...
JE SUIS DÉSOLÉE DE NE PAS TOUT SENTIR... DE TOUTE FAÇON, JE RENTRE DEMAIN. LES VACANCES SONT FINIES.
VOUS AVEZ VU ? L'ÉLECTRICITÉ EST REVENUE...
8

Le 8 janvier 1996,

François Mitterrand meurt.
Il a quitté l'Élysée au printemps après avoir dirigé
la France pendant deux septennats.
Une génération entière n'a connu que lui.
Pour la précédente, il restera celui qui a permis
à la gauche de revenir au pouvoir.

Monarque républicain, il laisse une empreinte forte
dans le paysage ; l'abolition de la peine de mort,
la pyramide du Louvre, la Grande Arche de la Défense.

Et une fille secrète, dont l'existence
a été révélée sur le tard.

Dupuy et Berberian

travaillent main dans la main.
De l'idée au dessin, inutile de savoir comment ils se partagent la tâche, la plupart du temps, sur la page, ils ne font qu'un.

Mais leurs histoires urbaines grouillent de personnages. Hérauts des bobos masos – ils les raillent et ceux-ci aiment cela – ils ont inventé il y a 15 ans, Monsieur Jean, un grand échalas qui vieillit au rythme de ses créateurs.

Dernier album paru : **Tout l'univers de Dupuy et Berberian,** Éd. Panama.

titili tout ♪ Bada ta daaa
Madame, Monsieur, nous interrompons nos programmes pour ce flash spécial ...
Une bien triste nouvelle vient, hélas, de tomber: le Président de la République, monsieur François Mit...
COUIC
? ...
BOH, C'ÉTAIT UN VIEUX MACHIN ! ...

UN RENSEIGNEMENT, MONSIEUR ?
OUI, BONJOUR, JE VOUDRAIS ACHETER UN NOUVEAU TÉLÉVISEUR ...
BIEN SÛR MONSIEUR ... BIEN SÛR. EST-CE QUE VOUS AVEZ UNE IDÉE DE CE QUE VOUS CHERCHEZ ? ... MODÈLE ? ... PRIX ? ...
JE NE SAIS PAS EUH ... PAS TROP GROS, PAS TROP LAID, PAS TROP CHER ...
JE VOIS. BON RAPPORT QUALITÉ/PRIX, VOUS AVEZ CE MODÈLE ÉCRAN 60cm, PAL/SECAM/NTSC, DISPOSITIF ANTI-SCINTILLEMENT, SON STÉRÉO ...
...tandis que le cercueil traverse la petite place de Jarnac, ville natale chère au cœur de François Mitterrand ...
◀III...
VOL

Mazarine est là, au premier rang, aux côtés de Mme Danièle Mitterrand ... Mazarine dont l'existence ...
... fut longtemps gardée secrète. C'est seulement ces dernières années que le Président malade a accepté de lever le voile ...
Et un peu en retrait, Mme Pingeot, la mère de Mazarine ...
... ces dernières années durant lesquelles Monsieur François Mitterrand a fait face, malgré de grandes souffrances ...
... à la maladie. La Garde Républicaine va à présent rendre les hommages au Président défunt ...

TRRRRRRRRR... TTT
TRRRRRRRRRRRRRRR... TTTT
TATiiiiiiiiii
TATA
TATITATAAAAA
TATAAAA
Televiseurs
PROMOTION

Voilà, le cortège reprend maintenant sa progression vers le petit cimetière
...
... de Jarnac où se déroulera l'inhumation dans la plus stricte intimité
...
JE DISAIS DONC : TROIS MODES DE PROGRAMMATION
...
... loin des caméras de télévision et des photographes
...
ALORS ? PAS M VOUS NE TRO VEZ PAS ?
C'EST UN BON MODÈLE ! VOUS LE PRENEZ ?
J'AI MIS UNE SEMAINE AVANT DE ME DÉCIDER À ALLUMER MON NOUVEAU POSTE. JE SAIS, C'EST STUPIDE, MAIS JE CRAIGNAIS QU'IL NE DIFFUSE EN BOUCLE LES IMAGES DE L'ENTERREMENT DE MITTERRAND.
CLIC
POUET POUET
HA HA HA HA
"Je crois aux forces de l'esprit. Je ne vous quitterai pas."
F. Mitterrand

Le 31 août 1997,

prise en chasse par une horde de paparazzi, la Mercedes à bord de laquelle se trouvent Lady Diana et son amant Dodi Al-Fayed s'engage à pleine vitesse dans le tunnel de l'Alma, heurte le mur droit et s'encastre dans la treizième pile du pont.

Dodi et le chauffeur meurent sur le coup. La princesse décède quelques heures plus tard.

La disparition brutale de la jolie femme devenue **icône populaire**, toujours en représentation et si seule, à la fois si proche des plus humbles et inaccessible, frappe les esprits.

À Londres, un million de bouquets sont déposés à son domicile, plus de deux millions de personnes assistent aux funérailles.

Blutch

est aussi à l'aise dans les pages de *Fluide Glacial*
que dans celles du *New-Yorker*.
Humour et élégance. Son trait époustouflant
sert des récits drôles et dérangeants.

Dernier album paru : **La Volupté,** Éd. Futuropolis.

La mélancolie des souverains d'Europe

Oui mais moi! qui viendra me soulager de mon malheur ?
Personne évidemment... Personne ne viendra. À la solitude je suis condamnée. Mon cœur, empli d'amertume et de tristesse, pèse lourd sur mon esprit...
Majesté...
Naguère, j'étais si jeune et si riche de joie de vivre et d'espoirs... Je me croyais la plus forte, et le monde entier s'offrait encore à moi...
Le bain d'huile d'olive de votre altesse est avancé.
J'espère qu'il est bouillant cette fois, comtesse.
J'ai aimé, j'ai vécu, j'ai parcouru l'univers, mais jamais je n'ai atteint ce que je désirais.
Laissez-moi seule, laissez-moi seule! Pour moi, c'est ce qu'il y a de mieux désormais...

Pourquoi tout le monde est méchant avec moi ?
Était-ce là mon destin ?
Quel ennui.
Je me dégoûte de me lamenter ainsi. Je ne suis bonne à rien. Oh, y a-t-il quelqu'un sur cette Terre d'aussi malheureux que moi ?
Le masque d'escalope de veau de son Altesse est avancé.
Crue, j'espère.

Il n'y a que les pauvres gens qui ont gardé le sens de la dignité ...
cher peuple, secrètement je t'admire !

De ma tête lourde, en soupirant, j'enlève la couronne ...
Hue
Que de bonnes heures m'a volées ce bâton de cérémonie. Ces parures chatoyantes ...
Pour d'autres, ce seraient de grandes joies, pour moi, ce n'est qu'un joug pesant.

L'ambassadeur est bien bel homme.
Quelle prestance.
Oh, puisse-je n'avoir jamais quitté le sentier qui m'eût conduit à la liberté !
Il n'y a guère que les longues chevauchées solitaires à travers la Nature qui me rendent à moi-même...
Les animaux seuls me comprennent ...

HA HA HA HA
HUE
HUE
HA HA HA HA HA HA HA HA
HA HA HA HA HA HA HA HA HA HA

HA HAHA HA HAHA
HA HAHAHA HAHAHA
HAHAHA
HA HA HA HA HAHAHAHA

Je voudrais que les gens me laissent en paix et enfin tranquille, car en vérité je ne suis qu'un être humain semblable à eux. Ma bile déborde presque, lorsqu'ils me dévisagent ainsi; je rentrerais bien dans une coquille d'escargot et j'en crèverais de fureur. Lorsque j'aperçois des jumelles de théâtre se braquer sur moi perfidement, j'aimerais les voir aussitôt détruites avec leur propriétaire. La plaisanterie a assez duré; et rien ne peut plus m'arrêter : Je leur fais un pied de nez et leur montre mon derrière.

(Quasiment toutes les pensées de Sissi sont extraites de ses poèmes.)

Blutch

Le 12 juillet 1998,

dans l'arène du stade de France inauguré quelques mois auparavant, les Bleus gagnent la Coupe du monde de football : 3 buts à 0 contre le Brésil, réputé maître imbattable du ballon rond.

Depuis un mois, le pays tout entier vibre à l'unisson dans la célébration de ses champions. Ils ont pour noms Zidane, Dessailly, Henry, Thuram, Barthez, Viera, Deschamps, Petit...

La France se découvre black-blanc-beur. **On n'a sans doute pas vu autant de drapeaux tricolores depuis la Libération.**

Jean-Claude Denis

cultive avec de fidèles copains la tradition du dessinateur de BD musicien de rock. Lui joue cool, comme il dessine en couleurs tendres et tout en retenue les relations qu'il tisse entre ses personnages.

Dernier album paru : **Le Sommeil de Léo**, Éd. Futuropolis.

Une histoire à lire en écoutant **Nightbuzz-The Spell** de Charles Berberian et Jean-C. Denis, Éd. Nocturnes.

Tous les grands événements n'ont pas le pouvoir de changer le monde, mais ils ont ceci de pratique qu'ils permettent à chacun de se souvenir de ce qu'il faisait à une date donnée.

En juillet 1998, nous avions trouvé, Charles B. et moi-même, une maison perdue au pied des Dentelles de Montmirail.
C'est vraiment paumé comme coin !... On est sur la bonne route ?
D'après le plan, on dirait...

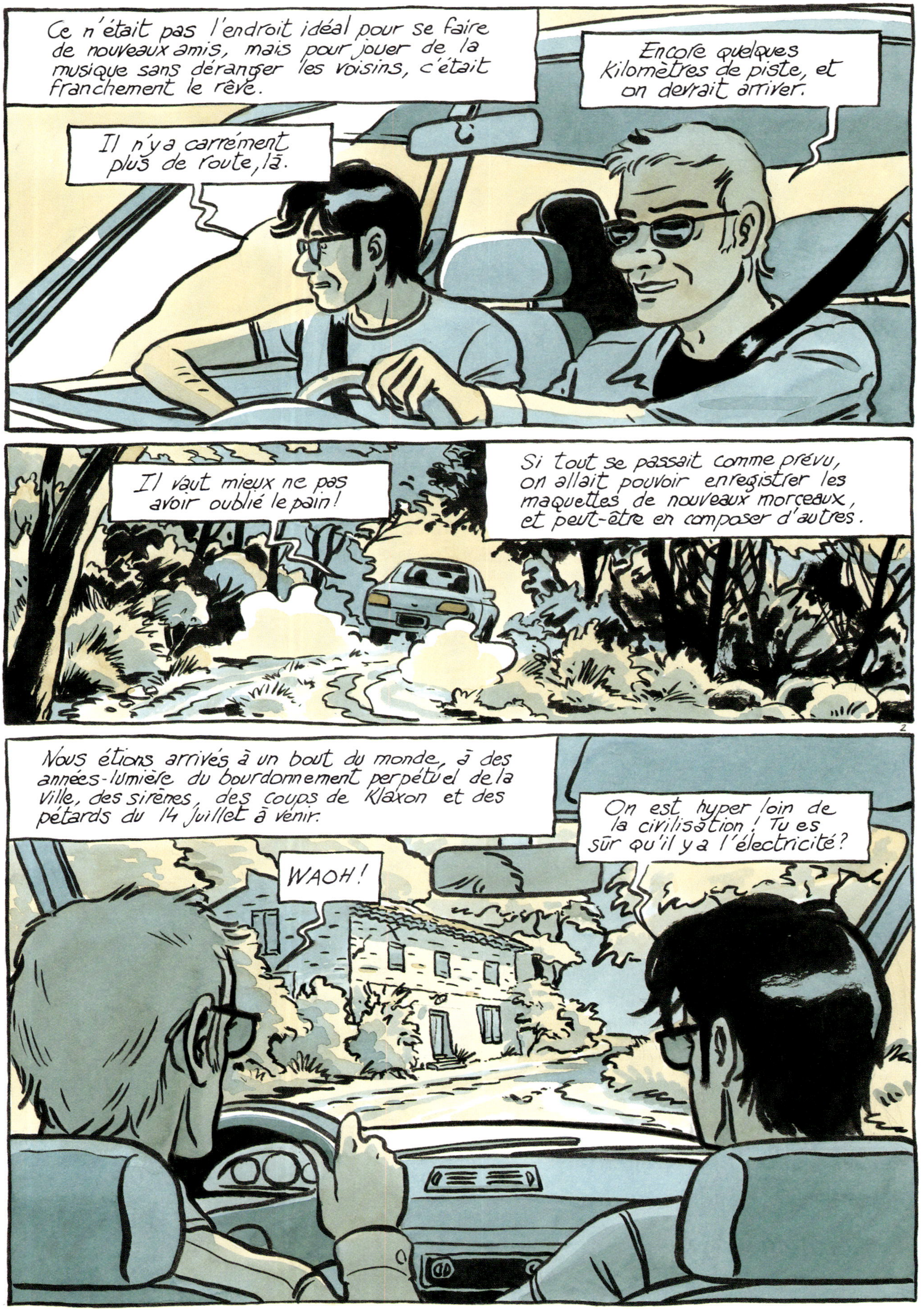
Ce n'était pas l'endroit idéal pour se faire de nouveaux amis, mais pour jouer de la musique sans déranger les voisins, c'était franchement le rêve.
Encore quelques kilomètres de piste, et on devrait arriver.
Il n'y a carrément plus de route, là.
Il vaut mieux ne pas avoir oublié le pain !
Si tout se passait comme prévu, on allait pouvoir enregistrer les maquettes de nouveaux morceaux, et peut-être en composer d'autres.
Nous étions arrivés à un bout du monde, à des années-lumière du bourdonnement perpétuel de la ville, des sirènes, des coups de klaxon et des pétards du 14 juillet à venir.
On est hyper loin de la civilisation ! Tu es sûr qu'il y a l'électricité ?
WAOH !

Bon, c'est spartiate, mais la vue est encore plus belle que sur les photos !
Rien, pas une maison à l'horizon !
On est complètement coupés du monde !
Je confirme ! Je ne capte même pas d'émetteur !
Et j'imagine qu'il n'y a pas le téléphone ici...
Ni téléphone ni radio ni télévision. On était tous prévenus.
CRZZ
Bon !
Si les autres n'arrivent pas à nous joindre, on va finir à deux !...
Comme Simon & Garfunkel ha ha ha !
CRZZ
CRZZ

On a fait des courses pour 15 !
On n'aura pas besoin d'y retouner,,, surtout si personne ne vient.
Bon, je vais faire un tour, voir si je capte quelque chose de là-haut.
CRZZ
CRZZ
CRZZ
SRIII
SRIII
Le monde continuait sûrement à tourner, quelque part,,,
Mais dans l'œil du cyclone où nous étions, rien n'était plus perceptible qu'une unique vibration faite de lumière, de couleurs et de bruissements d'insectes.
CRZZZ
CRZZ
CRZZ
CRZZ
CRZZ

CRZZZ CRZZZ
CRZZZ
Alors?
Alors, ça marche. J'avais un message de Christian. Je l'ai rappelé, il arrive demain.
Super, on a déjà le batteur!...
Ça ne sera pas du luxe, parce que, la rythmique des cigales, c'est pas vraiment ça!
J'ai essayé de jouer un peu, c'était l'enfer! Elles arrivent à couvrir le son du Dobro.
Ha ha ha!
Y'a pas une cave, ici?
En tout cas, pour enregistrer, il vaudra mieux attendre la nuit!
CRZZZ
CRZZ
CRZZZZ! CRZZZZ!
CRZZZZ!
CRZZ CRZZ
CRZZZZ! CRZZ!

Le lendemain, Christian débarquait avec de quoi faire taire les cigales.
Tu as des nouvelles des autres ?
Aucune.
C'est bizarre, tout de même...
Moi, ce qui va me faire bizarre, c'est de jouer sans bassiste.
C'est parfait ! On n'entend plus du tout les cigales !...
Le problème, c'est qu'on n'entend pas les guitares non plus.
Nous étions trois, mais il nous restait encore à devenir un trio.
Et si on faisait une pause ?
Trouver un équilibre naturel nous prit un peu de temps, mais l'harmonie du lieu eut le dernier mot.
CRZZZ
CRZZZ
CRZZZ
CRZZ
TAP
TAP

Au bout de quelques jours, nous nous sentions prêts à enregistrer. C'est à ce moment-là que Charles s'est rendu compte qu'il avait oublié le micro à Paris.
Demain, j'en rachèterai un.
Mais oui,,,
,,,On doit sûrement trouver ça au Shopi du coin!,,,
Écoutez!
Vous avez entendu?
TU TÛT
TU TU TÛT
WAF! WAF!

Je crois qu'on vient de gagner la finale de la coupe du monde !
WAF ! WAF !
On était le 12 juillet. Le monde extérieur venait de se rappeler à nous. Dès le lendemain, nous irions en ville à la recherche d'un micro.
she does not feel confortable in groups she's unlikely to be untertaining the troops
Les autres ne vinrent jamais. Ils n'avaient sans doute rien raté de cette fameuse finale. Plus tard, le groupe fut baptisé Nightbuzz.

Le 9 février 1999,

Laurent Fabius, qui fut le plus jeune chef de gouvernement de la 5e, comparaît devant la Cour de justice de la République.

Avec les anciens ministres Georgina Dufoix et Edmond Hervé, il doit répondre d'homicides involontaires et atteintes involontaires à l'intégrité des personnes. Il sera innocenté.

C'est le point d'orgue de ce que l'on a appelé **l'affaire du sang contaminé**. Le scandale avait éclaté huit ans auparavant avec l'enquête d'une journaliste de *l'Événement du jeudi*. Anne-Marie Casteret avait révélé que le Centre national de transfusion sanguine avait sciemment laissé circuler des produits sanguins contaminés par le virus du Sida.

Des centaines de victimes auraient pu être épargnées.

Charles Masson

est médecin ORL. Et dessinateur.
Il puise dans son expérience de praticien la matière de ses bandes dessinées, des histoires dont il dit qu'elles sont tellement banales qu'elles ne feraient pas dix lignes dans les journaux.

France Info a choisi de lui offrir la Une en lui décernant le Prix France info 2004 de la bande dessinée d'actualité et de reportage pour son premier album **Soupe froide,** Éd. Casterman.

C'est décidé, je fais l'école buissonnière.
Il y a longtemps que je l'ai pas faite et puis j'ai une bonne raison.
On m'a demandé de vous écrire une BD sur "L'affaire du sang contaminé".
J'ai une vague impression, comme de me retrouver à l'école, avec un devoir que j'ai pas envie de rendre.
Non... Je vais pas vous le faire, ce devoir.

Ç'est vrai que c'est croustillant de faire parler un médecin de l'affaire du sang contaminé.
Hypra drôle.
Je pourrais vous faire un truc terrible et déprimant sur tous les types qui ont trempé dans cette sale affaire.
BA DU PAR
Vous voulez des révélations.
Des révélations sur les pourris, qui, pour garder leur petit pouvoir, ont joué avec la vie de mômes.
Eh ben, non.
PLOP

J'aurais pu vous parler de l'arme du crime dans cette affaire : un beau stylo Montblanc avec une plume en or.
Les politiques, quand ils prennent le pouvoir, ont un portefeuille.
Les labos pharma-ceutiques, qui sont moins cons, ils ont l'argent du portefeuille.
Les médecins, eux, les demeurés, leur pouvoir, ils le portent avec un beau stylo.
Mais c'est eux qui vont en tôle.

Déjà avec des singes en cage, la lutte de pouvoir, c'est moche, mais avec des types en cravate, c'est indécent.
Mais je vais arrêter de parler de cette lutte de pouvoir.
Et puis, quand c'est la vie de mômes qui est en jeu, c'est plus que médiocre.

Du coup, je fais l'école buissonnière.
Je vais dans les bois voir des oiseaux et des arbres.
J'aime bien m'arrêter sous un arbre quand les oiseaux chantent.
Et c'est jamais plus beau que le matin, à l'aurore, avant que le jour ne se lève.
C'est comme si les oiseaux célébraient le jour avant qu'il n'arrive.

Ça me rappelle le matin, tôt, en garde, quand on est appelé, en fin de nuit, et qu'on rentre en chambre de garde avec le jour.
Une fois, je me souviens, j'avais été appelée, avant le jour.
ORL
En pédiatrie, youpi !!!
Mais je me souviens que, ce jour-là, j'étais sortie heureuse.
Et en revenant, je m'étais arrêtée une demi-heure pour écouter les oiseaux chanter.
C'était à la fin des années 90.

Aux urgences, ils m'avaient fait venir pour un petit garçon de trois ans.
Rien de grave.
Mais ce petit bout de chou, était hémophile.
CCIN
Et c'est la première fois que j'en voyais un qui était sain,
ni HIV, ni SIDA.
Je me suis rendu compte que j'avais jamais vu d'hémophile qui n'ait pas été contaminé par la machine infernale.
Et ça m'a fait plaisir d'en rencontrer un.
Enfin.
Du coup, on a fêté ça !
une souris verte, qui courait dans l'herbe, je l'attrape par la queue..

-CHARLES-
La Possession.
Dec 2006

Le 12 juillet 1999,

cela fait à peine quelques jours
que les forces serbes ont quitté **le Kosovo**.
Slobodan Milosevic, le maître de Belgrade,
a été contraint de rappeler ses troupes
sous la pression de l'Otan qui, pour le faire céder,
a multiplié les frappes aériennes
sur la capitale yougoslave.

Près d'un million de Kosovars,
contraints à l'exil en Albanie, en Macédoine
et au Monténégro, reviennent
sur leurs terres.

Il faudra attendre 2007 pour que
les Nations unies recommandent l'indépendance
du petit territoire des Balkans.

Didier Lefèvre
était photoreporter.

Depuis que son ami Emmanuel Guibert l'avait convaincu de raconter en bandes dessinées son périple dans les pas d'une mission de Médecins sans frontière en Afghanistan au milieu des années 80, Didier Lefèvre était même devenu « Le Photographe ». Trois albums aux Éd. Dupuis dans lesquels photos et dessins, pour servir le récit, alternent et se complètent avec naturel.

Le tome 2 du **Photographe** signé Guibert-Lefèvre-Lemercier, a reçu le **Prix France Info 2005** de la bande dessinée d'actualité et de reportage.

Didier Lefèvre

Ljubeniq

>12 juillet 1999. En venant de Peja, on n'aperçoit du village qu'une carcasse de maison calcinée.

Un chemin caillouteux monte vers Ljubeniq. Au premier carrefour, des murs criblés de balles, des vêtements épars...
Quelques chiens errants.

Dans la cour d'une grosse maison blanche, il y a des ossements, et les restes d'un bûcher entouré de petites fleurs blanches.

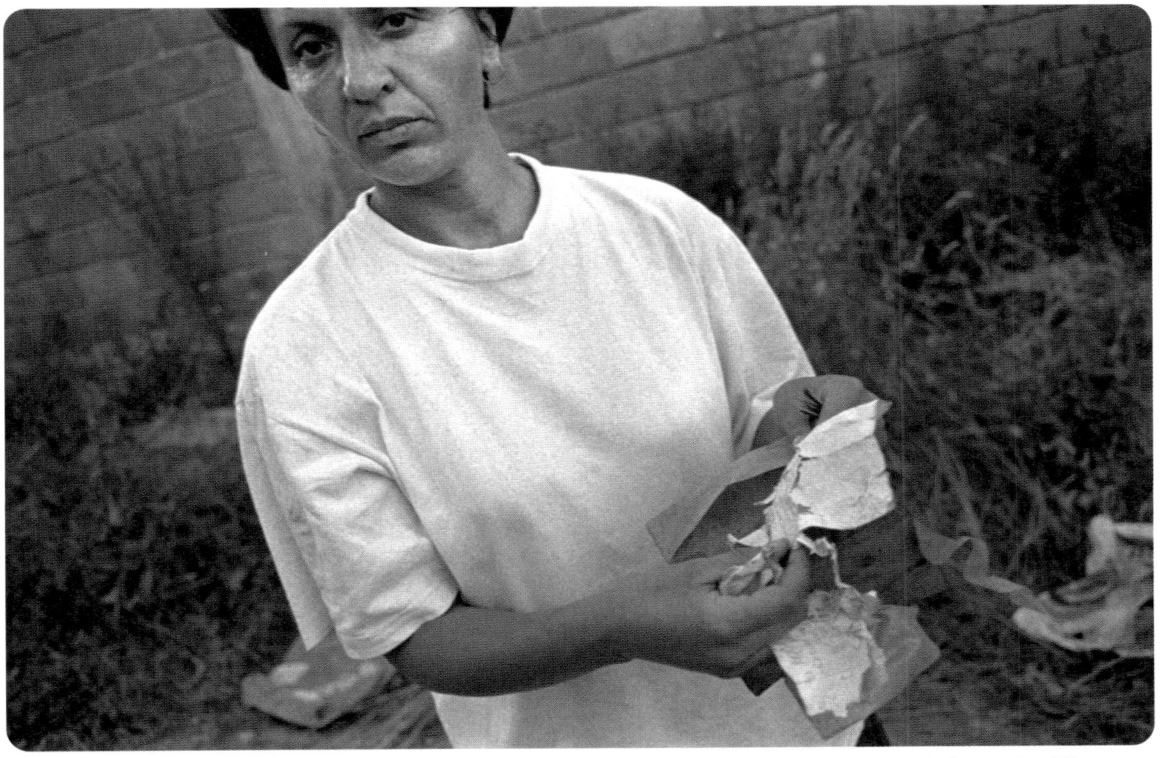

Une femme descend nous parler. Elle est belle, son visage a les traits tirés. Rentrée d'exil trois jours plus tôt, elle a reconnu, répandus sur le sol, les papiers d'identité de son père, décolorés par les pluies. Elle les tend vers mon appareil puis les laisse retomber avant de regagner sa maison.

>J'accompagne les villageois à la recherche des personnes dont ils sont sans nouvelles. Nous suivons un chemin escarpé vers le Monténégro.

Il fait très chaud. Après quelques heures de marche, nous longeons un ravin.

L'odeur nous submerge : les restes d'un corps humain sont coincés dans les rochers. À une boucle d'oreille, Shaban identifie sa cousine Ferdone Alimehaj.

Nous rentrons silencieusement au village.

EARTHBOUND

Le maire inscrit un nouveau nom dans les registres. Peu à peu la chronologie est reconstituée : ce 7 avril 1999, les paramilitaires serbes encerclent Ljubeniq et rassemblent les habitants qui n'avaient pas encore fui. Ils fusillent une partie des hommes, indiquent aux autres un chemin vers le Monténégro par la montagne. Il neige en cette fin d'hiver...

Ferdone Alimehaj, jeune mère de famille de 33 ans, hémiplégique, portée par son mari, emprunte ce chemin avec un groupe d'environ 80 personnes. Pour les apaiser, les parents ont donné des médicaments à leurs enfants. Les paramilitaires héliportés les attendent au sommet, et les assassinent. <

Emmanuel Guibert > dessin

Frédéric Lemercier > mise en page

Mes pensées les plus amicales vont à Alain Keler, photographe, et à Dukagjin Doçiqi, notre interprète, qui ont vécu ces moments avec moi, ainsi qu'aux habitants de Ljubeniq qui m'accueillent avec bienveillance à chacune de mes visites.

Le 26 décembre 1999,
les éléments se déchaînent.
Des vents soufflent jusqu'à plus de 170 km par heure dans les terres, balayent une partie de la France et de l'Europe. Du jamais vu.

Après **trois jours de tempête**, on dénombre dans l'Hexagone 88 morts et 3,5 millions de foyers privés d'électricité.

C'est par dizaines de milliers que l'on comptera les arbres abattus. Le parc du château de Versailles lui-même aura du mal à s'en remettre.

Étienne Davodeau

habite près d'Angers. Après plusieurs œuvres de fiction, il décide de dessiner pour raconter la vie de ceux qu'ils côtoient. Des livres dans lesquels il mène l'enquête et n'hésite pas à se mettre en scène.

Il est récompensé par le **Prix France Info** de la bande dessinée d'actualité et de reportage à deux reprises, en **2006** pour **Les Mauvaises Gens**, Éd. Delcourt. et en **2007** pour **Un homme est mort** sur un scénario de Kris, Éd. Futuropolis.

J'AI TOUJOURS BIEN AIMÉ LE VENT.
LÀ OÙ JE VIS, C'EST LE VENT D'OUEST QUI RÈGNE EN MAÎTRE, FAMILIER MAIS CHANGEANT.
L'HIVER, CET IDIOT FAIT DU ZÈLE, DISTRIBUANT SES AVERSES SANS AVARICE.
POUR SE FAIRE PARDONNER, CERTAINS SOIRS, IL NOUS INVITE AU SPECTACLE, ET NOUS OFFRE UN CRÉPUSCULE SANGUINE ET ARDOISE.
ON PARDONNE.

AU PRINTEMPS, BON OUVRIER, IL SE FAIT BRISE GUILLERETTE. TOUJOURS PRÊT À RENDRE SERVICE, IL TRANSPORTE SANS BARGUIGNER POLLENS ET GIBOULÉES.

AUX BEAUX JOURS, JETANT SA FRAÎCHEUR SUR LES TOITS, IL TENTE DE CALMER LA FOURNAISE.

EN CAS D'ÉCHEC, VEXÉ, IL SE RETIRE SUR LA CÔTE ATLANTIQUE, NOUS LAISSANT RISSOLER SOUS LE SOLEIL. ON LUI EN VEUT ALORS UN PEU.

LE VENT DU NORD PASSE RAREMENT. IL SAIT BIEN QUE CE COIN-LÀ N'EST PAS À LUI. IL N'A PAS GRAND-CHOSE À FAIRE ICI.
ON DEVINE QU'IL AIMERAIT FAIRE NEIGER. SANS TROP Y CROIRE, IL NOUS PROPOSE UN CIEL OPAQUE ET LAITEUX.
IL PEUT FAIRE FROID. QUELQUES FLOCONS DESCENDENT MAIS NE S'ATTARDENT PAS. LES ENFANTS SONT DÉÇUS. LES ADULTES AUSSI, SANS LE DIRE.

IL ARRIVE PARFOIS —OH RAREMENT— QU'IL PARVIENNE À SES FINS. UN MATIN, TOUT EST BLANC.
D'UN COUP D'ÉPAULE, LE VENT D'OUEST LE CHASSE ET DONNE QUELQUES DEGRÉS.
LA BOUE REMPLACE LA NEIGE.

LE VENT D'EST PASSE À L'OCCASION, VENU DES TERRES. EN FÉVRIER, IL INSTALLE UN TEMPS DONT ON SE FÉLICITE TOUS (SELON L'ADAGE FAMEUX QUI VANTE LE-PETIT-FROID-SEC-QU'ON-PRÉFÈRE-À-LA-DOUCEUR-HUMIDE).
IL AMÈNE AUSSI UNE BELLE LUMIÈRE CENDRÉE.

LES OREILLES ROUGIES, ON MARCHE SUR LA TERRE DURCIE, DANS LE BRUN DES RONCES.
NOËL
BUS

S'IL PARVIENT JUSQU'À NOUS EN ÉTÉ, CE JOYEUX CAMARADE BALAIE LES VIGNES D'UN FLOT VIF, DRU ET NET QUI RAPPROCHE LES HORIZONS. L'AIR SALUBRE QUI COURT ALORS SUR LES CÔTEAUX A QUELQUE CHOSE DE MONTAGNARD. L'IDÉE MÊME DE LA PLUIE, CES JOURS-LÀ, EST INCONCEVABLE.

L'ÉTÉ, LE VENT DU SUD BRÛLE TOUT SUR SON PASSAGE. USURPATEUR EMBUSQUÉ, IL SE PRÉCIPITE DÈS QUE SON FRÈRE D'OUEST FAIT RELÂCHE. IL SÈCHE LES FEUILLES DES OSIERS EN UNE MATINÉE, NOUS FORÇANT À FERMER LES VOLETS ET À NOUS ENTERRER.

AU CRÉPUSCULE, SATISFAIT, IL SE RETIRE ENFIN. LA NUIT TOMBE SUR LES MAISONS QUI, TOUTES FENÊTRES OUVERTES, CHERCHENT EN VAIN LA FRAÎCHEUR.
LE VENT DU SUD ? LE GARNEMENT DE LA FAMILLE.

LES JOURS SANS VENT, LE TEMPS S'ÉCOULE COMME À CONTRECOEUR, ALOURDI.
POUR SAVOURER PLEINEMENT UNE PETITE BRISE, UN BON BOUQUIN S'AVÈRE UN EXCELLENT PRÉTEXTE.
LU SOUS UN FEUILLAGE QU'AFFOLE LA BOURRASQUE, IL N'EN SERA QUE MEILLEUR.
OUI, J'AIME LE...
26 DÉCEMBRE 1999. 5 HEURES 56.

SANS ÉLECTRICITÉ NI TÉLÉPHONE, IL NOUS A FALLU PLUSIEURS HEURES POUR COMPRENDRE QUE NOUS N'ÉTIONS PAS LES SEULS CONCERNÉS...
ET PLUSIEURS MOIS POUR NE PLUS TENDRE LE DOS À L'ANNONCE D'UN COUP DE VENT.
21 SEPTEMBRE 2006. JE VIENS DE TERMINER CES PAGES.
C'EST UN CLAIR VENT D'OUEST QUI TROUSSE LES FEUILLES DÉJÀ SÈCHES DES ÉRABLES.
PAS MAL.
Étienne DAVODEAU

Le 27 juin 2001,

le président de la République et le Premier ministre annoncent que les incorporations en vue d'accomplir les obligations du service national sont immédiatement suspendues.

Les appelés présents sous les drapeaux bénéficient d'une libération anticipée. Ainsi prend fin un rite républicain qui avait pour but de préparer la jeunesse, toutes classes sociales en principe confondues, à **la défense de la patrie**.

Baru

Originaire de Lorraine, il fut professeur d'éducation physique avant d'embrasser la carrière d'auteur de bandes dessinées. L'adolescence reste un de ses sujets de prédilection.
L'ensemble de son travail pourrait aussi être classé sous le vocable « histoires sociales ».

Dernier album paru : **L'Enragé,** Éd. Dupuis.

CAFÉ
PLACE

36
1956
5

6

Le 11 septembre 2001,

à 8h46 heure de New York, un avion de ligne de la compagnie American Airlines s'écrase sur l'une des deux tours jumelles du **World Trade Center**, au sud de Manhattan. Un quart d'heure plus tard, en direct sur les télévisions du monde entier, la seconde tour est frappée par un deuxième appareil.

Deux autres Boeing s'écraseront, l'un sur le Pentagone, l'autre dans un champ de Pennsylvanie. Ces attentats-suicides revendiqués par une organisation inconnue du grand public, Al Qaeda, font, ce jour-là, au moins 2 986 morts. Devant les yeux de plusieurs milliards de téléspectateurs, le sanctuaire américain est frappé à la tête et au cœur.

Nous sommes entrés dans le XXIe siècle, celui de la communication planétaire et d'un nouveau choc de civilisations.

Pierre Christin

est journaliste, globe-trotter, scénariste, romancier et visionnaire. Avec Jean-Claude Mézières, il signe l'une des plus belles séries de science-fiction de la bande dessinée, « les Aventures de Valérian et Laureline ».

Avec Enki Bilal, il a écrit des œuvres au réalisme prémonitoire, annonçant bien avant l'heure la chute de l'Union soviétique.

Il a reçu, avec Max Cabanes et Philippe Aymond, le **Prix France Info 1995** de la bande dessinée d'actualité et de reportage pour **L'Homme qui fait le tour du Monde,** Éd Dargaud.

Guillaume Martinez

travaille actuellement sur un thriller paranormal en six volumes scénarisé par Kris. **Le Monde de Lucie** Éd. Futuropolis.

LE 9/11 DE TASLIMA ET ISHWAR MITRA DANS LA RÉGION DU DELTA MORT AU BANGLADESH, CE LIEU OÙ L'EAU CROUPIE, LA TERRE ÉPUISÉE ET LA MISÈRE NOIRE, CE JOUR-LÀ COMME TOUS LES JOURS PASSÉS ET TOUS LES JOURS À VENIR, DEMEURENT INEXTRICABLEMENT MÊLÉS.

LE 9/11 DE GEORGE W. BUSH DANS L'ÉCOLE AMÉRICAINE OÙ ON LUI ANNONCE LA NOUVELLE ALORS QU'IL FAIT SEMBLANT DE FAIRE DE LA LECTURE AVANT DE FAIRE SEMBLANT DE FAIRE QUELQUE CHOSE ALORS QU'IL N'Y A PLUS RIEN À FAIRE...

LE 9/11 DANS UNE RUE DU CAIRE (DE KHARTOUM, DE DAMAS, DE RIYAD, DE TÉHÉRAN, DE BAGDAD, DE KABOUL, D'ISLAMABAD, D'AILLEURS...), EN CES LIEUX OÙ LA RUMEUR SAVAMMENT DISTILLÉE ET NAÏVEMENT RELAYÉE TIENT LIEU D'INFORMATION...
TU SAIS CE QU'ON M'A DIT AU MINISTÈRE, AHMED ? QUE C'EST LE MOSSAD QUI AVAIT FAIT LE COUP POUR QUE ÇA NOUS RETOMBE UNE FOIS DE PLUS DESSUS...
SÛR ET CERTAIN QUE C'EST LES SERVICES SECRETS ISRAÉLIENS, IL N'Y A QU'EUX QUI SONT ASSEZ FORTS POUR PLANIFIER UN TRUC PAREIL !

LE 9/11 DANS UN BUREAU DU MOSSAD À TEL-AVIV, IL Y A DES ODEURS DE CHAWARMA QUI MONTENT DE LA RUE, PLUS LOIN IL Y A DES JEUNES FILLES QUI VONT À LA PLAGE, EN TENDANT L'OREILLE ON ENTEND PRESQUE LA MER...
TU VOIS, SAMUEL, J'AURAIS JAMAIS CRU QUE DES ARABES SOIENT CAPABLES DE PLANIFIER UN TRUC PAREIL, JAMAIS !
TU VEUX QUE JE TE DISE ? ILS ONT EU UN COUP DE CHANCE STATISTIQUEMENT ET STRATÉGIQUEMENT MONSTRUEUX. MAIS UN COUP DE CHANCE, C'EST TOUT...

LE 9/11 DANS UNE PIÈCE DU KREMLIN. IL Y A DES CORNICHONS MALOSSOLS, DU CAVIAR DE LA CASPIENNE, DU VIN DE GÉORGIE ET DE LA VODKA QUI N'A PAS ÉTÉ FAITE DANS UNE BAIGNOIRE. TOUT EST ÉCHAUFFÉ, LA PIÈCE, LA CONVERSATION, LES ESPRITS...
JE NE COMPRENDS PAS CE QU'ON CÉLÈBRE AUJOURD'HUI, GRIGORI ! LES TERRORISTES SONT NOS ENNEMIS À TOUS !
TU NE COMPRENDS PAS PARCE QUE TU AS PEUT-ÊTRE ÉTUDIÉ LE BUSINESS MAIS TU N'AS PAS ÉTUDIÉ LA BONNE VIEILLE DIALECTIQUE. LES TERRORISTES QUI FONT DU MAL À CEUX QUI SONT NOS VRAIS AMIS SONT NOS VRAIS ENNEMIS.
MAIS LES TERRORISTES QUI FONT DU MAL À CEUX QUI ONT TROP LONGTEMPS ÉTÉ NOS VRAIS ENNEMIS POUR NE PAS ÊTRE DEVENUS DES FAUX AMIS NE SONT PAS FORCÉMENT NOS VRAIS ENNEMIS. TU ME SUIS, EVGUENI ?

LE 9/11 DE BOUBAKAR ET YASMINA, DANS LA RÉGION DÉSERTIQUE DU NORD DU MALI, CE LIEU OÙ LE CIEL TROP BLEU, LA TERRE TROP LÉGÈRE ET LE BÉTAIL TROP MAIGRE, CE JOUR-LÀ COMME TOUS LES JOURS PASSÉS ET TOUS LES JOURS À VENIR, DEMEURENT IMMUABLES SOUS LE SOLEIL AVEUGLANT.

LE 9/11 DE LA FAMILLE HIGGINS (BART, 51 ANS ; EMMA, 48 ANS ; SIDNEY, 19 ANS ; AMY, 16 ANS ; MABEL, 15 ANS ; EDDY, 12 ANS ; JUDITH, 9 ANS ; RICHARD, 6 ANS), FARMERS BORN AGAIN (CHRÉTIENS FONDAMENTALISTES), DANS LEUR FERME DE L'ARKANSAS.
QUE DIT LA BIBLE ? ELLE DIT QUE TOUS CEUX QUI ONT PÉCHÉ AMÈNERONT LA MORT SUR CE PAYS. ELLE DIT QUE CEUX QUI NE SONT PAS NÉS À NOUVEAU POUR VOIR LE ROYAUME DE DIEU NE CONNAÎTRONT QUE RUINE ET DÉSESPOIR.
BEAUCOUP DE GENS SONT MORTS AUJOURD'HUI DANS LE PÉCHÉ ET CE SONT LES PÉCHEURS QUI SONT RESPONSABLES DE CE QUE DIEU TOUT-PUISSANT A FAIT À CE PAYS. REPENTONS-NOUS !

LE 9/11 DE LA FAMILLE IQBAL (ALI, 50 ANS ; WAHIDA, 36 ANS ; ZULFIQAR, 20 ANS ; NAWAL , 18 ANS ; NUSRAT, 17 ANS ; ALISHA, 13 ANS ; SHAMSHIR, 10 ANS ; NAÏMA, 8 ANS ; ABUL, 5 ANS), PIEUX FERMIERS AFGHANS DONT DEUX DES FILS SONT MOLLAHS.
C'EST DIEU QUI A TRACÉ LA TRAJECTOIRE DE NOS MARTYRS, C'EST DIEU QUI A CHÂTIÉ LES IMPIES, LES CROISÉS ET LES SIONISTES, C'EST DIEU QUI CHASSERA LES INFIDÈLES DE NOS LIEUX SAINTS.
RÉJOUISSONS-NOUS !
QUE DIT LE CORAN ? QUE DIT LE PROPHÈTE ? ILS DISENT CE QUE VIENT DE DIRE ZULFIQAR!

* PROPOS AUTHENTIQUES.

* VERBATIM.

* COPYRIGHT J.-C. MÉZIÈRES, VALÉRIAN, ÉDITIONS DARGAUD.

CF. LA FACE CACHÉE DE L'HOMME EN NOIR, J. BIRNBAUM ET R. CHEVÈNEMENT, STOCK.

LE 9/11 COMME L'ONT VU CEUX QUI L'ONT VÉCU JUSTE AVANT D'EN MOURIR.

Le 5 août

est peut-être le jour le plus chaud de l'été 2003, lui-même l'un des étés les plus chauds depuis bien longtemps. 1976 avait été marquée par la sécheresse, 2003 restera **l'année de la canicule**.

Chacun cherche le souffle d'un courant d'air. Bébés, personnes âgées, les organismes les plus fragiles souffrent. Les pompiers multiplient les interventions. Les services d'urgences des hôpitaux sont débordés. Quand les autorités prennent conscience de la situation, les victimes se comptent par centaines.

Rabaté

regarde la vie d'un œil qui frise, la casquette relevée, un sourire ironique aux coins des lèvres.
Passé maître dans l'art du noir et blanc, marqué par l'expressionnisme, il s'est mis à la couleur pour mettre en scène ses voisins et les paysages des bords de Loire, où il réside.

Son album **Les Petits Ruisseaux,** Éd. Futuropolis. est couronné du Grand Prix de la critique 2007.

VENT FRAIS VENT DU MATIN ...
VENT QUI SOUFFLE AU SOMMET DES GRANDS PINS, VENT QUI SOUFFLE AU SOMMET DES GRANDS PINS VENT QUI SOUFFLE ...
PARFAIT !
LES BASSES ÉTAIENT UN PEU FORTES.
MAIS C'ÉTAIT BIEN.
HOULÀ... ON A DÉBORDÉ SUR L'HEURE.
ON REPRENDRA TOUT ÇA À LA RENTRÉE.
BONNES VACANCES À TOUS !
BONNES VACANCES !

TU VAS OÙ ?
EN MÉDITERRANÉE, ON EST TRÈS MER.
ON EST TRÈS MER AUSSI, MAIS ATLANTIQUE, ON VA À LA TRANCHE-SUR-MER, EN VENDÉE.
AH ?... CONNAIS PAS, IL FAIT BEAU LÀ-BAS ?
BONNES VACANCES MÉLANIE !
BONNES VACANCES. À LA RENTRÉE !
MERCI, À VOUS AUSSI.
LA TRANCHE-SUR-MER ! HA HA POURQUOI PAS LA RONDELLE-SUR-MER !
AH MÉLANIE, JOUIR ENTRE TES SEINS ...
CHIENNE !

N'EMPÊCHE, LA CLIM...
T'ES BIEN CONTENTE DE LA TROUVER !
ON VA TOUS CHOPER LA CRÈVE, ÇA SERAIT UN COMBLE PAR CE TEMPS-LÀ !
TU PEUX PAS T'ARRÊTER, J'AI ENVIE DE RENDRE
POUR S'ARRÊTER, IL FAUDRAIT ENCORE AVANCER !
TU CHOISIS TES MOMENTS, TOI ! IL EST OÙ LE SEAU DE PLAGE ?
DANS LE COFFRE, OÙ VEUX-TU QU'IL SOIT ?
EH BEN, TU TE RETIENS !

ATTENDEZ LÀ, YA UNE ERREUR !
NON ! NON !
VOUS N'ALLEZ PAS ME DIRE QUE CETTE MAISON CORRESPOND À ÇA ?
SI, SI, LA DÉFINITION INTERNET FAIT QUE ÇA GOMME, ÇA LISSE UN PEU LES DÉFAUTS.
ÇA LISSE UN PEU ! VOUS VOUS FOUTEZ DE MOI, LÀ !
ÉCOUTEZ, SI ÇA NE VOUS VA PAS, ON ANNULE TOUT, J'AI TRENTE PERSONNES QUI ATTENDENT POUR LA PRENDRE.
ENCULÉ ! ...
BON, ON DÉCHARGE LA BAGNOLE !
ON VA PASSER UN MOIS LÀ-DEDANS ?
LA FERME ! JE SUIS PAS D'HUMEUR !

IL TAPE, MAO, VA PAS FALLOIR LÉSINER SUR L'ÉCRAN TOTAL !
ILS SONT TARTINÉS, LES GOSSES ?
T'INQUIÈTE !
UN TUBE PAR JOUR, ON VA ÉCLATER LE BUDGET !
HEUREUSEMENT QU'ON PART QU'UN MOIS.
T'ES VRAIMENT TOP CHIANT !

VVVURRRRR
BONJOUR MELANIE. EXCUSEZ, JE SUIS À LA BOURRE.
BONJOUR...
ATTENDEZ !
IL FAUT QUE JE VOUS PRÉVIENNE, ATTENDEZ ! ...
PLUS TARD !

BONJOUR, TOUT LE MONDE !
EXCUSEZ LE RETARD, EMBOUTEILLAGES.
ON VA PRENDRE LA PAGE TROIS, UN PETIT MISERERE NOUS METTRA EN JAMBE...
VOUS ÊTES PRÊT ... UN DEUX ...
MAIS ? ...
ILS SONT OÙ LES AUTRES ?
UNIVERSITÉ DU 3e ÂGE SAINT-PAUL

Le 28 avril 2004,

la chaîne américaine de télévision CBS diffuse dans son émission phare “60 minutes” des photos qui vont faire le tour du monde. On y voit des prisonniers dénudés, humiliés dans des postures dégradantes, des mises en scène de torture. À leurs côtés, des militaires américains, tout sourire devant l’objectif.

Dans un monde où l’image est une arme essentielle pour conquérir les opinions publiques, les États-Unis viennent de perdre une bataille capitale. Il leur sera désormais difficile d’expliquer qu’ils font **la guerre en Irak** avec des principes. Ces photos ont été prises par les gardiens mêmes de la prison d’Abou Ghraib.

Y sont enfermés ceux que l’on suspecte d’actes de terrorisme.

Joe Sacco

est américain. Journaliste et dessinateur.
Reporter en zones de conflit carnet de croquis et crayon en main.
Il s'est rendu au Proche-Orient et dans la Yougoslavie déchirée à la recherche des témoignages qui racontent avec précision les situations complexes, captant les détails qui en disent plus long que bien des commentaires.

Joe Sacco a reçu le **Prix France Info 1999** de la bande dessinée d'actualité et de reportage pour **Palestine, une nation occupée**, Éd. Vertige Graphic.

ON PEUT SE REMETTRE D'UNE DOULEUR PHYSIQUE.
ON PEUT PRENDRE DES MÉDICA-MENTS, DES ANTALGI-QUES.
MAIS MOI, MA DOULEUR EST PSYCHO-LOGIQUE.
ET JE NE PEUX NI GUÉ-RIR, NI PAS-SER À AUTRE CHOSE.
PARCE QUE TOUTE MA VIE A CHANGÉ.
MON CARAC-TÈRE.
MA PERSON-NALITÉ.
JE NE SUIS PLUS LE SHERZAD D'AVANT.
JE SUIS DEVENU UN AUTRE.
PARFOIS, J'AI L'IM-PRESSION D'ÊTRE FOU.
À VOTRE AVIS ?
SOUFFRANCE À PARTAGER
1. CONTENTE-TOI D'AVOUER
by Joe Sacco ©2006
Thahe Sabbar et Sherzad Khalid ont d'autres soucis qu'une dernière interview. Demain, ils doivent prendre un avion pour l'Irak avec escale à Dubaï, et leurs visas de transit ne sont pas arrivés.
Ils sont tendus, épuisés, et remplissent leur chambre d'hôtel de Times Square de fumée de cigarette.
Mais ça fait trois jours que je rôde dans les parages – gentiment, patiemment – et ils se sentent redevables.
C'est ce qu'ils disent.
Et j'ai beau savoir que ça va les bouleverser de réexpliquer pourquoi deux hommes d'affaires – eux – l'un arabe et l'autre kurde, amis de toujours – « âmes soeurs » dit Sherzad – ont intenté un procès au secrétaire américain à la défense Donald Rumsfeld, pas question de les laisser filer.
Alors, un peu à contrecœur mais gentiment, ils remontent le temps jusqu'à cet après-midi de juillet 2003, où, assis dans le bureau de Thahe à Bagdad, ils entendent l'inimitable grincement des blindés américains.
La suite les laisse encore perplexes.
JE PEUX VOUS AIDER...
RENTRE LÀ-DEDANS !
J. SACCO 12-05

D'après les deux hommes, les soldats américains ont ensuite surgi de partout, et même du toit.
Sherzad : Ils hurlaient et braquaient leurs armes sur nous. Les coups ont commencé à pleuvoir.
Comme les autres occupants de l'immeuble, on les a giflés, cagoulés, et emmenés. Il faisait nuit quand le camion s'est arrêté. " Ils nous ont jetés dehors, dit Thahe.
On est tombés... On avait encore les mains attachées dans le dos et les cagoules sur la tête.
Thahe s'est démis l'épaule gauche en tombant.
On leur a retiré leur capuchon dans un des palais présidentiels de Saddam Hussein, devant une cage pleine de lions. Les fauves auraient appartenu à Uday, un des célèbres fils de Saddam.
Un par un, les détenus ont été conduits dans la cage, et, d'après Sherzad, incités à avouer.
VOUS VOULEZ QU'ON AVOUE QUOI ?
TU SAIS TRÈS BIEN. CONTENTE-TOI D'AVOUER !
Thahe : Ils ont ouvert la porte... on a avancé d'un mètre, peut-être...
Mais quand les lions ont couru vers nous, ils nous ont tirés dehors...
Je me suis évanoui. J'étais presque tout le temps inconscient. Ils me frappaient pour me réveiller... "
Puis on les a placés contre un mur, derrière la cage.
L'OFFICIER A DÉCIDÉ DE VOUS EXÉCUTER. IL EST ENCORE TEMPS D'AVOUER.
Sherzad : On n'a pas avoué : on ne savait pas ce qu'ils voulaient entendre. "
J. SACCO 12.06

* SIX AUTRES PLAIGNANTS LES ONT REJOINTS : QUATRE AFGHANS ET DEUX IRAKIENS.

Alors, quand leurs avocats ont exprimé leurs craintes que Thahe et Sherzad ne rouvrent leurs blessures pour un dernier journaliste – moi ! –, quand ils ont suggéré d'annuler mon interview, j'ai eu envie de leur rétorquer–
Ben voyons !
C'est vous qui les avez poussés à rouvrir ces blessures.
Il est bien temps de vous inquiéter de leurs sentiments !
En outre, le blitz des médias a eu un impact. Même l'accusé en chef l'a remarqué.
L'AFFAIRE DU LION EST MENTIONNÉE DANS LES NOTES DE RUMSFELD.
Oui, c'est " l'affaire du lion " qui fait hausser les sourcils. Les allégations de Thahe et Sherzad – les chaînes, les températures extrêmes, les électrochocs, la profanation du Coran – ne bouleversent pas les Américains, qui ont depuis longtemps digéré les énormités d'Abu Grahib.
Aussi, lors de sa conférence de presse, Mr. Rumsfeld a qualifié l'histoire du lion de " douteuse ", et a cité des documents d'al-Qaida, qui...
ENTRAÎNENT LES GENS, LES TERRORISTES, À MENTIR SUR LEURS TRAITEMENTS.
HE AGON
Thahe et Sherzad pourraient s'offenser des paroles de Mr. Rumsfeld ; elles impliquent qu'ils ont étudié les manuels d'al-Qaida, ou qu'ils sont des " terroristes. "
Ni l'un ni l'autre n'a été accusé de quoi que ce soit par les Américains.
III. QUEL EST VOTRE SPORT PRÉFÉRÉ ?
QUAND ON M'A EMMENÉ À L'INTERROGATOIRE, J'ÉTAIS CONTENT.
JE CROYAIS POUVOIR ENFIN M'EXPLIQUER.
Mais la première question a été...
OÙ EST SADDAM ?*
J'ai ri, et il m'a frappé.
Après des questions superficielles sur les armes de destruction massive, al-Qaida, etc. L'enquêteur a demandé...
QUE PRENEZ-VOUS AU PETIT DÉJEUNER ?
QUEL EST VOTRE SPORT PRÉFÉRÉ ?
À QUELLE HEURE VOUS COUCHEZ-VOUS ?
POURQUOI VOUS DEMANDAIT-IL CELA ?
JE NE SAIS PAS.
Sherzad ne sait pas non plus pourquoi il a subi des viols simulés avec une bouteille d'eau. Thahe ignore pourquoi "un soldat ou plus, en présence d'hommes et de femmes soldats, a inséré ses doigts" dans son anus.
Ce sont les avocats de Thahe et Sherzad qui m'ont informé de ces agressions sexuelles. Ils m'ont demandé de ne pas leur en parler. Quand CNN a transgressé cette règle d'or et harcelé Thahe, il a été de nouveau traumatisé, me disent-ils.
J. SACCO 12-05
*SADDAM HUSSEIN ÉTAIT TOUJOURS CACHÉ AU MOMENT DE CET INTERROGATOIRE.

IV. JE N'AI PAS ENVIE DE RACONTER UNE HISTOIRE TRISTE
Le matin, interview pour Times Magazine, l'après-midi, rencontre avec des collaborateurs du sénat, sérieux, qui promettent de rapporter l'histoire de Thahe et Sherzad à leurs patrons.
Puis un des avocats suggère de rencontrer ses collègues, dans un bureau voisin.
COMME VOUS VOULEZ.
Thahe, diplomate, monte dans le van loué pour les activités du jour et attend que son escorte le rejoigne.
ON VEUT ALLER VOIR LA MAISON BLANCHE.
Les avocats sont sensibles aux humeurs de leurs clients. Le reste de la journée sera consacré aux visites.
Pendant une heure ou deux, Thahe et Sherzad sourient devant les monuments américains à la liberté.
Mais leurs téléphones sonnent de nouveau.
Un sénateur accepte de les rencontrer.
Quand ?
Maintenant !
Thahe est presque découragé.
Il doit se rappeler pourquoi il est là.
ON N'EST PAS VENUS EN TOURISTES.
Sherzad, lui, n'a pas envie.
APRÈS CE BEAU SPECTACLE, JE N'AI PAS ENVIE DE RACONTER UNE HISTOIRE TRISTE.
Les avocats décommandent le sénateur et promettent à Thahe et Sherzad d'aller voir la Maison Blanche le lendemain matin.
IV. L'AÉROPORT
À L'AÉROPORT, IL Y AVAIT ENTRE 75 ET 150 DÉTENUS DANS CHAQUE TENTE.
On pouvait s'asseoir, mais pas dormir. Le sol était en terre battue. On nous a donné une couverture. J'ai utilisé mes chaussures comme oreiller.
J'avais la barbe et les cheveux longs, comme une bête. "
J. SACCO 12-08

Chaque tente avait son garde... il s'asseyait sur une chaise pliante avec de l'eau, une cartouche de cigarettes, et fumait tant qu'il voulait.
Nous, on avait deux cigarettes par jour.
Un jour, un type très laid s'est approché.
JE NE TE DONNE PAS TES CIGARETTES.
JE LES LANCE. SI TU LES ATTRAPE AVEC LA BOUCHE, ELLES SONT À TOI.
SI ELLES TOMBENT PAR TERRE, TANT PIS.
Les soldats ont trouvé ça amusant. Ils se sont approchés.
Un des détenus, sur le devant, se comportait comme un chien.
Le soldat faisait semblant de lancer la cigarette, par ici, puis par là.
Les soldats riaient. Ils lui ont donné plein de cigarettes.
Mon tour est venu. Je leur ai dit, dans un anglais basique :
JE VEUX SEULEMENT DEUX CIGARETTES, S'IL VOUS PLAÎT.
JE NE VEUX PAS FAIRE ÇA.
Il a ouvert les barbelés, est entré et m'a frappé, insulté.
U.S. ARMY
VI. LA MAISON BLANCHE.
Ils ont un train à prendre à New York, mais une promesse est une promesse, et le lendemain matin Thahe et Sherzad vont voir la Maison Blanche.
J. SACCO 12-05
Et là, ils trouvent une protestataire, seule, dans une attitude douloureusement familière.
cessez immédiatement la torture

C'est Jennifer Harbury.
Elle est passée aux infos il y a quelques années.
Son mari, un leader de la résistance au Guatemala, a été interrogé et torturé à mort par les forces guatemaltèques travaillant avec la CIA.
Comme Thahe et Sherzad, elle a pris un avocat.
Le sien aussi s'est attaqué au sommet.
Elle a assigné en justice de hauts fonctionnaires américains, qui, dit-elle, ont tu des informations qui auraient pu sauver la vie à son mari.
Le procès est monté jusqu'à la cour suprême, et elle a perdu.
Mme Harbury reprend sa pose.
Thahe et Sherzad s'en vont prendre leur train
VII. CAMP BUCCA
VOUS SAVEZ, À LA FIN, J'AVAIS LE MORAL TRÈS BAS... ET J'AI VRAIMENT CRAQUÉ.
Il y avait un type, au centre de détention, qui connaissait l'anglais. Je lui ai demandé d'écrire une requête en mon nom.
Je leur ai juste demandé : "Que vais-je devenir ?... Je n'ai été accusé de rien. J'ai imploré leur pitié. Je les ai suppliés.
Je l'ai donnée aux gardes.
Quelques heures plus tard, ils sont venus me chercher. J'étais content. J'ai pensé : au moins, ils réagissent...
Ils m'ont emmené dans la tente du silence... où il est interdit de parler et de dormir.
Chaque fois que je fermais les yeux...
Ils venaient me hurler dessus, m'insulter...
Deux d'entre eux m'emmenaient...
Ils me traînaient à l'extérieur...
Et là, ils me frappaient, m'insultaient, avant de me ramener, de la même manière.
Je demande à Sherzad combien de fois il a subi cela.
JE NE SAIS PAS VRAIMENT : POUR MOI, ENCORE AUJOURD'HUI, C'EST COMME UN CAUCHEMAR.
CE N'ÉTAIT PAS LA RÉALITÉ.
J SACCO 12.05

Traduit de l'américain par Sidonie van den Dries

Le 26 décembre 2004,

la terre tremble au large de Sumatra.
De magnitude 9,1 à 9,3, c'est l'un des séismes
les plus violents jamais enregistrés.

Une vague énorme se lève. Elle va déferler sur les côtes
du Sri Lanka, de l'Indonésie et du sud de l'Inde.
Très vite on parle de milliers de morts et disparus.
Six mois plus tard, à l'heure des bilans,
on en dénombrera plus de 200 000.
Car le raz de marée a frappé par surprise.

Les autorités n'avaient pas prévenu de l'imminence
du danger les populations locales et les touristes,
très nombreux à passer Noël au soleil.
L'Asie et l'Occident partagent leur douleur.

Les organisations non gouvernementales récolteront
plus d'argent que jamais auparavant à la suite
d'une catastrophe.

Simon Hureau

connaît l'Asie pour y avoir emporté ses carnets de voyage.
Mais le jeune homme promène aussi son regard
sur les petites villes de province afin d'y faire
quelques études de mœurs. Avec le souci du détail vrai.

Dernier album paru : **Tout doit disparaître,** Éd. Futuropolis.

BAR TABAC PRESSE
LOTO PMU
TABAC PRESSE
BAR BRASSERIE
PMU
Salut Dédé ! Salut Henri ! Alors, ce Noël ?
Boh, en famille, quoi ! Sapin, cadeaux marrons glacés et tout le tintouin... Et toi ?...
Oh, moi, Noël, tu sais... J'ai ouvert une petite terrine de foie gras que j'ai partagée avec Mirza, ça va pas plus loin...
Ah, là, là ! Toujours pas rabiboché avec ta fille ?
Ben non, tu vois... Pas même un message sur mon répondeur...
Nous interrompons ce programme pour vous signaler qu'un séisme suivi d'un raz de marée sans précédents vient de dévaster les côtes du Sud-Est asiatique...
Elle est sûrement très occupée... Elle vit seule ?
Aux dernières nouvelles, oui, mais pour ce qu'elle m'en donne...
Plusieurs pays pourraient avoir payé un lourd tribut à l'océan, l'épicentre se trouvant dans
Elle est partie fâchée au décès de sa mère, ça va faire six ans...
Ah, les filles... Drôle d'espèce, hein ? C'est comme la mienne qui veut se faire un piercing !
PMU
COURSES EN DIRECT

Tûûûût... Vous n'avez aucun nouveau message...
Aucun bilan pour le moment, mais le nombre de victimes, au vu de ces images de désolation, pourrait bien
ZAP
Oh, Stan, comment as-tu pu me faire ça ?!
Tiens, fifille ! Lèche la casserole !... Làââ... Bon chien ...
Mais t'inquiète pas, va ! Je la connais, ta bagnole ! C'est pas la première fois que je te l'emprunte ! Je l'utilise même plus que toi !...
Et surtout la ville de Banda Aceh, sur l'île de Sumatra, la côte la plus proche de l'épicentre ...
Forcément, depuis que je suis à la retraite !...
Mais reconnais que ce serait plus pratique si tu me la vendais...
le vice-président parle de trente à quarante mille morts ...
Laisse-moi un peu de temps, c'est sentimental, avec elle, tu comprends ?
Tûûûût... Vous n'avez aucun nouveau message ...
Selon le groupe hôtelier Accor, trois-cent-soixante personnes sont portées disparues ...
Tu veux sortir, Mirza ?
Allez viens, ma belle !

COURSES EN DIRECT
TRAGÉDIE
Salut Henri ! Salut Dédé !
MATCH
OCÉAN INDIEN : Soudain la vague de mort
Dis donc, t'as pas l'air frais ! ...
J'ai dû attraper un truc, je dors mal ...
Essaye les somnifères ...
C'est l'neveu à Bouboule qui en revient juste... À la Flotte, les vacances ! Du coup il essaye de se faire rembourser le séjour et son portable à deux mille euros ...
Avec ça, tout devrait rentrer dans l'ordre ...
Ah, je le souhaite !
SECOURS ASIE
Tûûûût... Vous n'avez aucun nouveau message ...
TABAC
LE POINT
ASIE le chaos
Allez, je le fais !
Je le fais !
Allez !
Bip
Bip
Bip
Sandrine
Tûûût... Tûûût... Tûûût ... Tûûût... Tip!
Bonjour, vous êtes bien chez Seb et Sandrine, laissez un message et nous vous rappellerons...
Tûûût
Bip...
...

Elle est sûrement en vacances ! Tu appelleras la semaine prochaine, quand tout le monde sera rentré ...
Mh ...
On se fait un rapido?
PRESSE
Le Monde
Bilan démesuré
Risque sanitaire
Libération
TSUNAMI
vu par la presse asiatique
Ta fille, elle habite pas à Bel-Air ?..
Si, pourquoi ?
Si tu veux bien me prêter ta voiture, je dois me rendre demain dans ce quartier...
Tu ne veux pas en profiter ?...
Oh, ben... Bon, d'accord ...
Choupinette, qu'est-ce que tu fais? Tu ne fais pas de bêtises, hein ?...
La France contribuera pour Vingt-deux millions d'euros, Paris a dépêché une centaine de secouristes avec huit-cents kilos de médicaments ...
On est bien au deux-cent-douze? C'est pas son nom sur la sonnette!
Sonne quand même !
'Sont en vacances !
Ah?
Depuis trois semaines...
Vous savez quand ils rentrent?
Sur leur carte, ils disaient avant-hier... Ils ont dû faire escale à Paris pour annoncer la nouvelle à leurs amis ...
Quelle nouvelle ?
Ben... Sa grossesse!

Enceinte ! Tu le crois, ça ?! Je vais être grandpère ! Elle aurait pu me l'annoncer, quand même !
Ça reste une grande nouvelle ! Allez, je te paie un coup !...
J'étais dans ma chambre, je pionçais, là, un bruit terrible, un mur d'eau défonce ma porte, envahit la pièce et emporte ma valise...
Tûûût
Vous avez un nouveau message...
Oui, bonjour, je m'appelle Brigitte, je suis une amie de Sandrine ; j'ai trouvé votre mot scotché à sa porte, aussi je me permets d'appeler pour savoir si vous avez des nouvelles d'elle... Je... Suis très inquiète... Vous pouvez me joindre au zéro-six, quarante-sept, zéro-huit, vingt-et-un, quatre-vingt...
Tip Tip Tip Tip
Allô, mademoiselle ?... Bonjour, je suis le père de Sandrine...
Non, je n'ai pas de nouvelles... On ne se voit pas beaucoup, vous savez... C'est pour ça que je vous appelle... Au mariage ?... Non, je ne savais pas qu'... En effet, vu que je n'y étais pas... Que voulez-vous ? Ben oui... Hm...
En vacances, oui, je savais...
...
Où ça qu'vous dites ? En Taille-Lande ? C'est où, ça ?
Pourquoi qu'elle est allée si loin ? Elles sont pas bien, les plages, en France ?
...
Mais... Ya un problème, là-bas ?...
Pardon ?... Non, je ne me moque pas de vous... Que...

Tu le savais, toi, qu'il y avait eu une vague, à l'autre bout du monde ?...
Tu sais, moi, ce qui se passe au loin... Si déjà on savait tout ce qui se passe chez nous...
Mouais... Et chez les siens...
Et t'as des preuves qu'elle était où qu'c'est que la vague elle est tombée ?
Ben... La fille dit que c'était pile la zone... Elle n'arrête pas d'appeler l'hôtel et le portable de Sandrine, mais elle n'obtient aucun signal... Alors bon...
Tûûût... Vous avez un nouveau message... Bip !... Oui, c'est Brigitte... Écoutez, c'est ma meilleure amie, je pars la chercher, j'ai un avion jeudi, et... Voilà, au revoir... CLAC Tûûût...
L'EXPRESS
DES RUINES DES LARMES
CHAOS
CLC
Bon... Bonsoir, c'est le papa de Sandrine, je... Voilà : j'aimerais vous accompagner là-bas, j'ai bien réfléchi, et... Un visa ? Non pourq... Un passe-port, oui, j'en ai un... En Espagne, il y a quinze ou seize ans... Ah bon ? Mais alors...
Et si j'achète juste le billet d'avion, c'est... ... Ah, bon... Et... En train, vous croyez que... Ah ? Bon bon... Et alors vous rentrez quand ?... Et... Je pourrai vous appeler à votre retour ?...
Oui... Au revoir, alors ; excusez-moi, oui...
Ah, et bon voya...
Tûûût
Tûûût
Tûûût
Tu...

Salut Dédé ! Salut Henri !
Dis-voir, Dédé, t'aurais pas des vieux journaux d'il y a trois semaines ?
Heulà, les valoches ! T'as pas dormi, toi !
LE PARISIEN
CONSTITUTION EUROPÉENNE :
LA DROITE DIT : OUI
BAR BRASSERIE
Un atlas ? Dans le bas de l'étagère, là-bas...
LIBRAIRIE PAPETERIE DU CENTRE
FAX - PHOTOCO
Tûûût... Vous n'avez aucun nouveau message... Tûût...
Tûûût... Vous n'avez aucun nouveau message... ...
LOTO-PMU
BAR BRASSERIE
Nom de dieu, Lucien ! Ce que t'as maigri !!
Et ce que t'es pâle !

Tûûût... Vous avez un nouveau message... Bip ! C'est Brigitte, la copine de Sandrine... Je... Je n'ai trouvé aucune trace, l'hôtel a disparu, personne ne les a revus, j'ai fait toutes les morgues, les hôpitaux, rien... C'est... Le chaos, l'horreur absolue... ... Au revoir.
CLAC
Tûûûût...
Ecoutez, je préférerais que vous n'appeliez plus, maintenant, d'accord ? J'ai suffisament de mal à m'en remettre... J'ai donné votre numéro aux associations de recherche des victimes, au cas où... Je... Je vous enverrai des photos du site, mais... N'appelez plus. Au revoir.
CLAC
Tuuut...
Avec ça, vous devriez faire de bonnes nuits...
Pharmacie
Alors, ça y est ? Tu t'es enfin décidé !? Ah, je suis content ! On avait dit deux mille, hein ?
Croix Rouge Française
Urgence Asie
BP 100
75008 PA
CREDIT AGRICOLE
SEINE ET MARNE
2000€
Deux mille
euros
La Croix rouge Française

Le 26 mars 2005,

une jeune femme au sourire radieux et à la poigne de fer donne son dernier coup de rame dans **les eaux du Pacifique**.

Partie des côtes péruviennes le 12 janvier, **Maud Fontenoy vient de gagner** son second pari. Elle avait déjà, avec succès, dans une coque de noix, défié l'Atlantique en 2003.

Elle se lancera en 2006 dans une aventure tout aussi démesurée : le tour du monde à la voile en solitaire à contre-courant.

À chaque fois, France Info a décidé de l'accompagner, de la soutenir, de relayer à l'antenne ses joies, ses doutes, ses douleurs, son exploit.

Denis Lapière

est le scénariste des cauchemars d'enfants et des rêves des grands.
Son double album Le Bar du vieux Français
avec Jean-Philippe Stassen au dessin, Éd. Dupuis,
a été déclaré « meilleure bande dessinée des 20 dernières années »
par les journalistes spécialisés de l'ACBD, l'association des critiques.

Pierre Bailly

est l'un des complices préférés de Lapière.
Dernier album commun : Agadamgorodok, Éd. Dupuis.

UNE BALEINE !

C'EST INCROYABLE! AU MILIEU DE CETTE MER INFINIE, OÙ JE NE SUIS RIEN, LA BALEINE S'APPROCHE DOUCEMENT DE MOI. COMME SI JE L'INTÉRESSAIS.
JE GLISSE MA MAIN DANS L'EAU. J'AGITE LES DOIGTS, ESPÉRANT SECRÈTEMENT QUE L'OCÉAN TRANSMETTE MES BONNES INTENTIONS.
TOUT DOUX, MA BELLE...
!!!
TU N'AS RIEN À CRAINDRE.
QUOI ?!
JE NE SUIS PAS UNE BALEINE, JE L'UTILISE.
JE VAIS TE RACONTER UNE HISTOIRE.

ME RACONTER UNE HISTOIRE ?! NON, NON ! JE DOIS RAMER ! JE DOIS TRAVERSER L'OCÉAN.
L'HISTOIRE DE L'ÎLE PAWÉ-MAWÉ ET DE SES HABITANTS, LES ROOP...
IL N'EST PAS QUESTION QUE JE PARLE AVEC UNE BALEINE ! JE NE SUIS PAS FOLLE !
VOYONS... JE...
JE VAIS FAIRE LE POINT SUR MA POSITION.
LES ROOP VIVAIENT SUR CETTE ÎLE GRÂCE À UN ARBRE DONT ILS TIRAIENT TOUT...
HAA !
NON ! NON !
COMBUSTIBLE, NOURRITURE, MATÉRIAUX DE CONSTRUCTION. UN ARBRE PROTECTEUR INDISPENSABLE À LA VIE DE L'ÎLE.

HAA!
LES ROOP ÉTAIENT DIVISÉS EN DEUX PEUPLADES : CEUX DU NORD QUI HABITAIENT LE HAUT DE L'ANCIEN VOLCAN ET CEUX DU SUD QUI VIVAIENT AU BORD DE LA MER.
MAIS, TU...! ET LÀ... ?! QUI ES-TU ?!!
CHUT! ÉCOUTE...
LES ROOP ÉTAIENT DIVISÉS EN DEUX PEUPLADES : CEUX DU NORD, DES CHASSEURS, QUI HABITAIENT SUR LES PENTES DU VIEUX VOLCAN ET CEUX DU SUD, DES PÊCHEURS, QUI VIVAIENT AU BORD DE LA MER.
TOUTES LES NOUVELLES LUNES, ILS ÉCHANGEAIENT VIANDES SÉCHÉES CONTRE POISSONS SALÉS.
LEUR RELIGION LEUR FAISAIT BÂTIR DE HAUTES TOURS POUR PRIER PLUS PRÈS DE LEUR DIEU.

CEPENDANT, CHAQUE PEUPLADE RIVALISAIT AVEC L'AUTRE DANS LA CONSTRUCTION DES TOURS DE PRIÈRES...

ET DANS CELLE DES HABITATIONS ET DES PIROGUES DE PÊCHE.

UN JOUR, LA FORÊT DEVINT TROP PETITE POUR SUBVENIR AUX BESOINS DES ROOP.

QUELQUES SAGES ONT DEMANDÉ QU'ON LUI LAISSE DU TEMPS POUR SE RÉGÉNÉRER.

AINSI, ANNÉE APRÈS ANNÉE, ILS CONSOMMÈRENT LA FORÊT ET S'ENTRETUÈRENT POUR ELLE.

JUSQU'À CE QU'IL NE RESTE PLUS QU'UN SEUL ARBRE SUR TOUTE L'ÎLE.
À QUOI ONT PENSÉ LES DERNIERS ROOP QUAND ILS L'ONT ABATTU ?
NOUS NE LE SAURONS JAMAIS. L'ÎLE EST AUJOURD'HUI DÉSERTIQUE ET LES ROOP ONT TOTALEMENT DISPARUS
RIEN N'EST INFINI, MAUD. NI LES OCÉANS, NI LE CIEL. NI LES HOMMES.
LA TERRE ELLE-MÊME N'EST QU'UNE MINUSCULE ÎLE DANS LE COSMOS ...
RIEN N'EST INFINI DANS CE MONDE...

HEIN ?! QUOI ?! ...
FICHUES HALLUCINATIONS...
26 mars 2005. Maud Fontenoy a réussi la traversée du Pacifique à la rame après 72 jours et 6.900 kilomètres !

SAUF, BIEN ENTENDU, L'IMMENSE IMAGINAIRE DES HOMMES...

Le 12 juin 2005,

un communiqué du ministère des Affaires étrangères
confirme **la libération de Florence Aubenas**
et d'Hussein Hanoun al-Saadi.

Cela fait plus de cinq mois que leurs portraits
s'affichent par centaines au fronton des mairies.
La journaliste de *Libération* et son « fixer »
ont été enlevés le 5 janvier devant
l'université de Bagdad.

Avant eux, il y avait eu, en Irak,
Christian Chesnot et Georges Malbrunot, et, plus loin,
dans le Liban des années 80, Jean-Paul Kaufmann.
Et tant d'autres.

Otages. Ils étaient là pour que le monde sache.

Luc Brunschwig

est un scénariste dont l'esprit nourrit des histoires sombres et humanistes, entre thrillers et faits de société. En témoigne sa première série « Le Pouvoir des innocents » dessinée par Laurent Hirn, Éd. Delcourt, et toutes celles qui ont suivi, car ce quadra multiplie les collaborations.

Étienne Le Roux,

avec lequel il est ici en tandem, a fait évoluer son style graphique pour coller au plus juste du réel.

Dernier ouvrage en commun : **La Mémoire dans les poches,** Éd. Futuropolis.

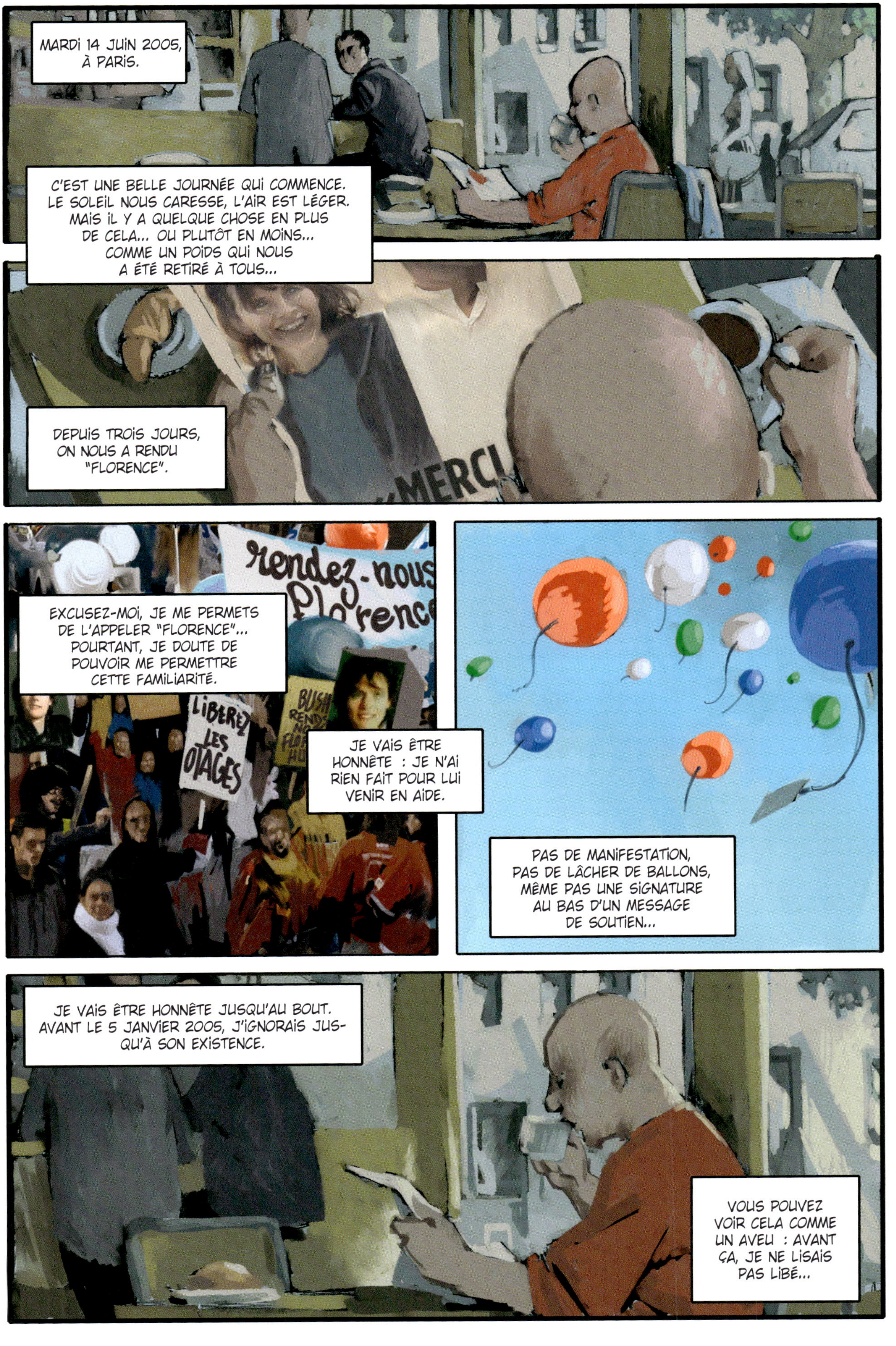
MARDI 14 JUIN 2005, À PARIS.
C'EST UNE BELLE JOURNÉE QUI COMMENCE. LE SOLEIL NOUS CARESSE, L'AIR EST LÉGER. MAIS IL Y A QUELQUE CHOSE EN PLUS DE CELA... OU PLUTÔT EN MOINS... COMME UN POIDS QUI NOUS A ÉTÉ RETIRÉ À TOUS...
DEPUIS TROIS JOURS, ON NOUS A RENDU "FLORENCE".
MERCI
rendez-nous
EXCUSEZ-MOI, JE ME PERMETS DE L'APPELER "FLORENCE"... POURTANT, JE DOUTE DE POUVOIR ME PERMETTRE CETTE FAMILIARITÉ.
LIBÉREZ LES OTAGES
JE VAIS ÊTRE HONNÊTE : JE N'AI RIEN FAIT POUR LUI VENIR EN AIDE.
PAS DE MANIFESTATION, PAS DE LÂCHER DE BALLONS, MÊME PAS UNE SIGNATURE AU BAS D'UN MESSAGE DE SOUTIEN...
JE VAIS ÊTRE HONNÊTE JUSQU'AU BOUT. AVANT LE 5 JANVIER 2005, J'IGNORAIS JUSQU'À SON EXISTENCE.
VOUS POUVEZ VOIR CELA COMME UN AVEU : AVANT ÇA, JE NE LISAIS PAS LIBÉ...

MAIS APRÈS CE 5 JANVIER, MÊME SI JE N'AI RIEN FAIT POUR ELLE, JE N'AI RIEN IGNORÉ DE CE QU'IL LUI ARRIVAIT. SES AMIS NE VOULAIENT PAS QU'ON L'OUBLIE... DE CE POINT DE VUE, ILS ONT PARFAITEMENT RÉUSSI.
FLORENCE AUBENAS EST DEVENUE UN ENJEU POUR NOUS TOUS...
UNE AMIE LOINTAINE DONT ON DEVAIT SAUVER LA VIE.
ELLE EST DEVENUE "FLORENCE".
"NOTRE FLORENCE".
ALORS, JE SUIS À PARIS, CE MARDI 14 JUIN. ET J'ÉCOUTE LES CONVERSATIONS.
ON PARLE DE "FLORENCE", BIEN SÛR... IL Y A DU SOULAGEMENT... UN PLAISIR ÉVIDENT À SE DIRE QUE, PARFOIS, LES SALES HISTOIRES SE TERMINENT BIEN...
MAIS TOUT LE MONDE NE PARTAGE PAS CE SENTIMENT...
NON, MAIS TU L'AS VUE... ON RIGOLE PAS COMME ÇA QUAND ON A ÉTÉ OTAGE.
ON DIRAIT QUE ÇA N'A PAS ÉTÉ AUSSI DUR QU'ILS DISAIENT.
PROPOS ISOLÉ ?...
J'AI PEINE À CROIRE QUE QUELQU'UN QUI A ÉTÉ ENFERMÉ PENDANT CINQ MOIS ET NE S'EST PAS MIS DEBOUT PLUS DE DIX MINUTES PAR JOUR PUISSE CARACOLER DE LA SORTE À SA SORTIE DE L'AVION.
CAR VOICI "LA FLORENCE" QUI EST APPARUE SUR LE TARMAC DE VILLACOUBLAY...
SURPRENANT ?

PAS VRAIMENT, SI L'ON EN CROIT CE QUE DIT SON PÈRE.
"C'ÉTAIT POUR MOI UNE JOIE FANTASTIQUE DE RETROUVER MA FILLE ET DE LA RETROUVER COMME ELLE EST TOUJOURS."
ELLE EST EN PLEINE FORME, AVEC SON HUMOUR, SON ÉNERGIE, SA FORCE."
JE SAVAIS QU'ELLE ÉTAIT COMME ÇA ET QU'ELLE DEVAIT LE RESTER : COURAGEUSE ET DIGNE.
POURTANT ET POUR CONTINUER D'ÊTRE HONNÊTE, J'AI MOI AUSSI EU UN MOMENT DE SURPRISE, EN VOYANT "FLORENCE".
RIEN DES DOUTES D'UN LE PEN OU DE MES VOISINS DE BISTROT...
MAIS J'AI ÉTÉ SURPRIS, OUI...
À QUOI EST-CE QUE JE M'ATTENDAIS ? ET EUX, À QUOI S'ATTENDAIENT-ILS ?
QUELLE EST CETTE "FLORENCE" QUE NOUS NOUS ATTENDIONS TOUS, NOUS LES ANONYMES, À RETROUVER CE JOUR-LÀ ?
CELLE DE LA PHOTO PLACARDÉE PLACE DE LA RÉPUBLIQUE, PUIS UN PEU PARTOUT EN FRANCE... ?
Florence AUBENAS
HANOUN
Hussein Hanoun
CETTE JEUNE FEMME AVENANTE, SOURIANTE, MAIS PAS TROP... HEUREUSE DE VIVRE, MAIS SANS EXCÈS ?

On peut s'interroger sur le choix de cette photo par ceux qui ont lancé le comité de soutien à Florence Aubenas. Pourquoi celle-ci ?
Pourquoi pas celle-là, ou celle-là - il en existe des dizaines - où l'on voit Florence partir dans des rires sans retenue ?
Plus qu'une femme bien dans sa peau, on sent en elle une force vitale qui rayonne et que rien ne semble capable d'éteindre ou d'atteindre.
Ces photos n'étaient-elles pas plus révélatrices de ce que ses proches savent d'elle ?
"Avec son humour..."
"Son énergie..."
"Sa force."
Alors quoi ? Ceux qui ont sélectionné la photo ont-ils craint que ce rire énorme soit indécent en la circonstance ?
Ont-ils eu peur de donner aux gens le sentiment qu'ils ne prenaient pas tout à fait au sérieux ce qui se passait...?
En un mot : ce rire était-il incongru ?
C'est en tout cas ce que pensaient les hommes qui ont enlevé Florence.

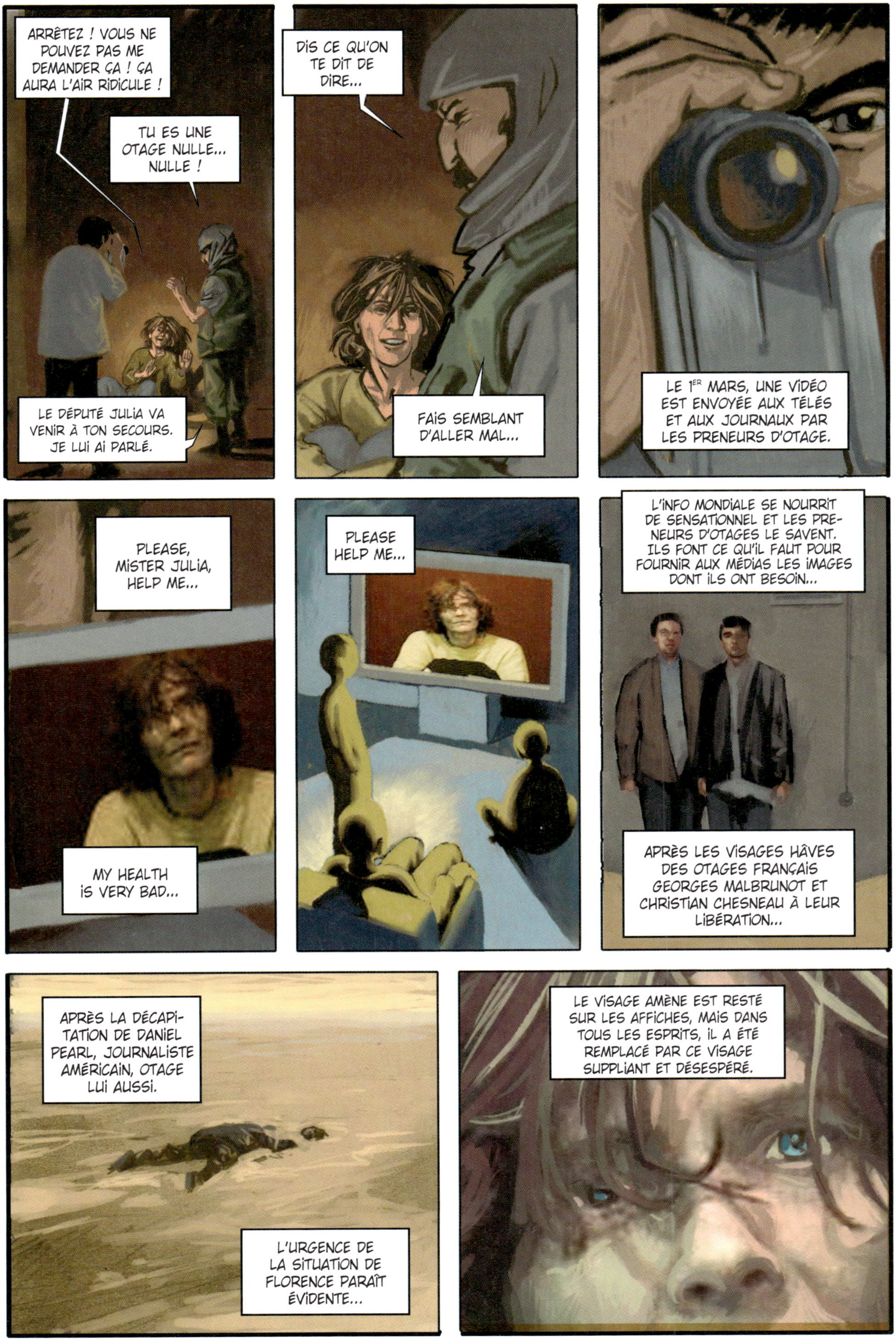

ARRÊTEZ ! VOUS NE POUVEZ PAS ME DEMANDER ÇA ! ÇA AURA L'AIR RIDICULE !
TU ES UNE OTAGE NULLE... NULLE !
LE DÉPUTÉ JULIA VA VENIR À TON SECOURS. JE LUI AI PARLÉ.
DIS CE QU'ON TE DIT DE DIRE...
FAIS SEMBLANT D'ALLER MAL...
LE 1ER MARS, UNE VIDÉO EST ENVOYÉE AUX TÉLÉS ET AUX JOURNAUX PAR LES PRENEURS D'OTAGE.
PLEASE, MISTER JULIA, HELP ME...
MY HEALTH IS VERY BAD...
PLEASE HELP ME...
L'INFO MONDIALE SE NOURRIT DE SENSATIONNEL ET LES PRENEURS D'OTAGES LE SAVENT. ILS FONT CE QU'IL FAUT POUR FOURNIR AUX MÉDIAS LES IMAGES DONT ILS ONT BESOIN...
APRÈS LES VISAGES HÂVES DES OTAGES FRANÇAIS GEORGES MALBRUNOT ET CHRISTIAN CHESNEAU À LEUR LIBÉRATION...
APRÈS LA DÉCAPITATION DE DANIEL PEARL, JOURNALISTE AMÉRICAIN, OTAGE LUI AUSSI.
L'URGENCE DE LA SITUATION DE FLORENCE PARAÎT ÉVIDENTE...
LE VISAGE AMÈNE EST RESTÉ SUR LES AFFICHES, MAIS DANS TOUS LES ESPRITS, IL A ÉTÉ REMPLACÉ PAR CE VISAGE SUPPLIANT ET DÉSESPÉRÉ.

D'AILLEURS, L'ASSOCIATION AVEC LES PRÉCÉDENTS RAPTS DE JOURNALISTES, VA SE FAIRE TOUJOURS PLUS PRESSANTE.
NE LES OUBLIONS PAS MOBILISONS-NOUS!!
CELA PASSERA PAR DES MOTS, DES MOTS ACCOLÉS AU VISAGE DES OTAGES :
DES MOTS QUI VONT CHANGER AU FIL DES MOIS :
IL N'Y A PAS DE LIBERTE SANS LIBERTE D'INFORMER.
POUR FINIR PAR DEVENIR :
LEUR LIBERTE, C'EST LA NOTRE.
EN 157 JOURS, ON A FAIT PASSER FLORENCE DU STATUT DE "FEMME ENLEVÉE" À "SYMBOLE DES JOURNALISTES MARTYRS" ...
PRENANT LE RISQUE DE L'ÉLOIGNER DE SON HUMANITÉ... DE LA DÉSINCARNER ENCORE DAVANTAGE POUR LA RÉDUIRE À UN CONCEPT BEAUCOUP PLUS GÉNÉRAL...
UNE IDÉE TRAGIQUE, QUI NOUS A TOUS SAISIS D'EFFROI ET ACCOMPAGNÉ JUSQU'À CE 12 JUIN 2005.

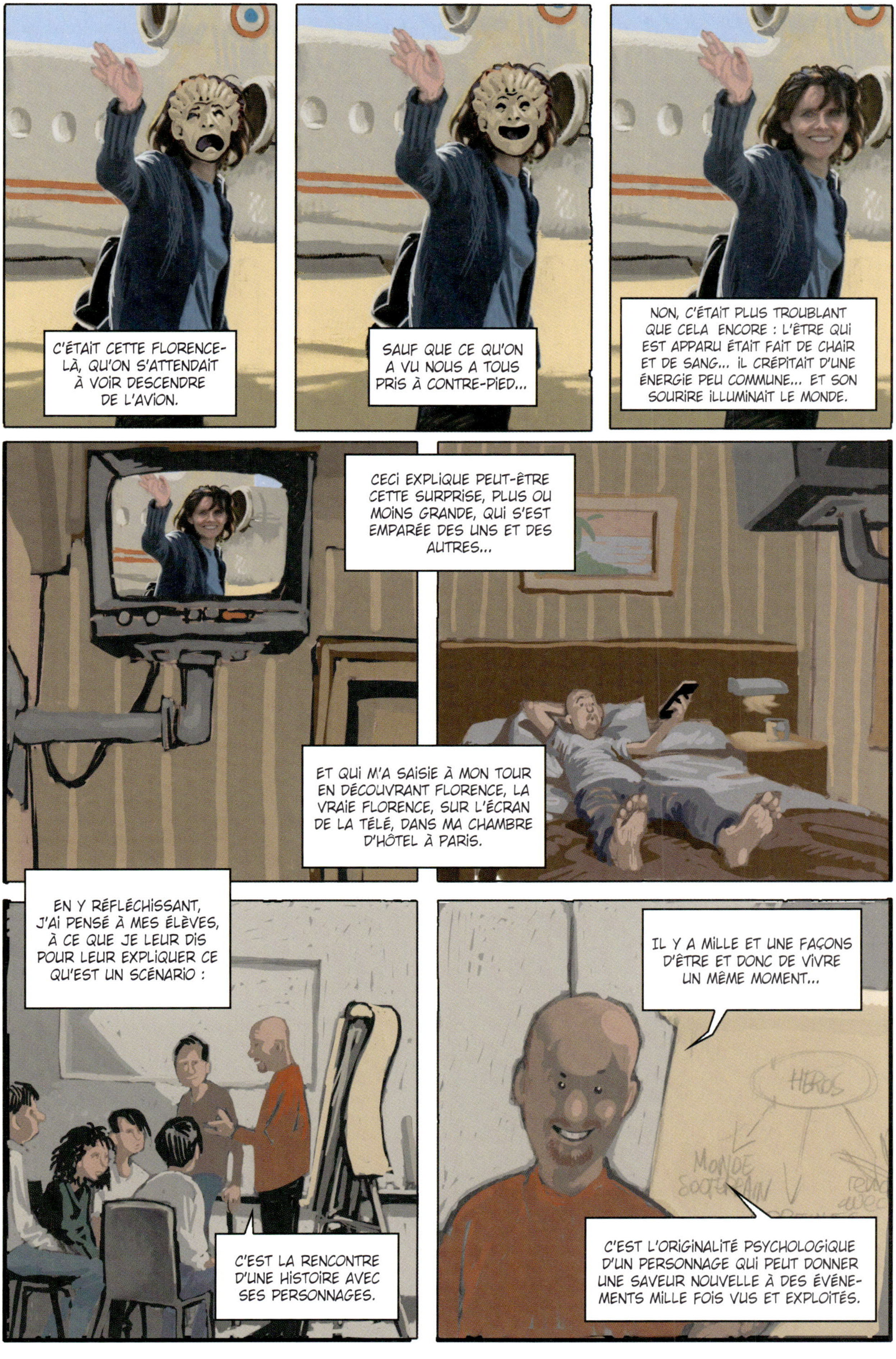
C'ÉTAIT CETTE FLORENCE-LÀ, QU'ON S'ATTENDAIT À VOIR DESCENDRE DE L'AVION.
SAUF QUE CE QU'ON A VU NOUS A TOUS PRIS À CONTRE-PIED...
NON, C'ÉTAIT PLUS TROUBLANT QUE CELA ENCORE : L'ÊTRE QUI EST APPARU ÉTAIT FAIT DE CHAIR ET DE SANG... IL CRÉPITAIT D'UNE ÉNERGIE PEU COMMUNE... ET SON SOURIRE ILLUMINAIT LE MONDE.
CECI EXPLIQUE PEUT-ÊTRE CETTE SURPRISE, PLUS OU MOINS GRANDE, QUI S'EST EMPARÉE DES UNS ET DES AUTRES...
ET QUI M'A SAISIE À MON TOUR EN DÉCOUVRANT FLORENCE, LA VRAIE FLORENCE, SUR L'ÉCRAN DE LA TÉLÉ, DANS MA CHAMBRE D'HÔTEL À PARIS.
EN Y RÉFLÉCHISSANT, J'AI PENSÉ À MES ÉLÈVES, À CE QUE JE LEUR DIS POUR LEUR EXPLIQUER CE QU'EST UN SCÉNARIO :
C'EST LA RENCONTRE D'UNE HISTOIRE AVEC SES PERSONNAGES.
IL Y A MILLE ET UNE FAÇONS D'ÊTRE ET DONC DE VIVRE UN MÊME MOMENT...
C'EST L'ORIGINALITÉ PSYCHOLOGIQUE D'UN PERSONNAGE QUI PEUT DONNER UNE SAVEUR NOUVELLE À DES ÉVÉNEMENTS MILLE FOIS VUS ET EXPLOITÉS.

PARTANT DE LÀ, IL ÉTAIT ÉVIDENT QU'ON EN SAVAIT TROP PEU SUR FLORENCE POUR APPRÉHENDER CE BONHEUR IRRADIANT QU'ELLE NOUS MONTRAIT.
PENDANT CES 157 JOURS, NOUS AVIONS CRU LA CONNAÎTRE.
MAIS SOUDAIN, ON DÉCOUVRAIT À REGRET QU'ON IGNORAIT PRESQUE TOUT D'ELLE.
À TROP SE CONCENTRER SUR LES FAITS ET LA CHARGE ÉMOTIONNELLE QU'ON LEUR ATTACHE, ON EN OUBLIE DE PARLER DES GENS QUI TRAVERSENT CES ÉVÉNEMENTS ET LA FAÇON DONT ILS VONT VIVRE TOUT ÇA...
AVEC FAIBLESSE OU AVEC FORCE.
ÇA N'ENLÈVE RIEN À L'IGNOMINIE DE CE QUE FLORENCE A VÉCU.
BIEN AU CONTRAIRE, JE DIRAIS.
EN METTANT EN PERSPECTIVE LES ÉVÈNEMENTS ET LA PERSONNALITÉ DE FLORENCE, ON MESURE TOUTE L'INCROYABLE ÉNERGIE QU'IL LUI A FALLU...
POUR RESTER DIGNE, GARDER LE MORAL ET EN FAIRE PROFITER SES CODÉTENUS...
S'IL Y A UNE HÉROÏNE DANS CETTE HISTOIRE C'EST BIEN FLORENCE. C'EST ELLE QUI NOUS ENCOURAGEAIT TOUS DANS LES MOMENTS DE DÉPRIME.
ON DÉCOUVRAIT NON PLUS UNE VICTIME, MAIS UNE FEMME ADMIRABLE...
MAIS SEULS SES PROCHES POUVAIENT APPRÉHENDER CELA.
"LA RETROUVER COMME ELLE EST TOUJOURS."
"AVEC SON HUMOUR, SON ÉNERGIE."
BONJOUR À TOUS.
JE REVIENS D'UN SÉJOUR DIÉTÉTIQUE ET FARNIENTE DANS LA CITADELLE BYZANTINE.
ELR — LB- 2006

Le 27 octobre 2005,

à Clichy-sous-Bois, deux adolescents de 15 et 17 ans meurent électrocutés dans un transformateur EDF où ils s'étaient cachés pour échapper à la police.
Le quartier explose de colère.

Les affrontements entre jeunes et forces de l'ordre font immédiatement tache d'huile, en Seine-Saint-Denis, en Ile-de-France, et gagnent dans tout l'Hexagone de nombreuses banlieues dites "sensibles".

Les magasins, des écoles, des bibliothèques, des gymnases sont vandalisés, le matériel urbain est détruit et les voitures brûlées par centaines, par milliers.

Le 8 novembre, l'état d'urgence est déclaré.
Les émeutes vont durer trois semaines.

David Prudhomme

a commencé par mettre son crayon au service d'un style réaliste qui portait une BD historique avant de faire bouger son trait doucement, puis de façon radicale afin d'exacerber les attitudes et les comportements de ses concitoyens.

Dernier album paru : **La Marie en plastique** avec Pascal Rabaté, Éd. Futuropolis.

le petit verre d'eau.

c'est scandaleux !
les jeunes morts ??
les émeutes !!!

des plumes "
ponsables nous annoncent plus de 13.000 personnes. Noël approche également, si rien ne change, nous allons y laisser des plumes ».
est-ce que je brûle la voiture de mon voisin ?
Pensez à Commander vos VOLAILLES
... Tandis que les cages à volailles restaient désespérément vides.
- INDRE -

29 OCTOBRE

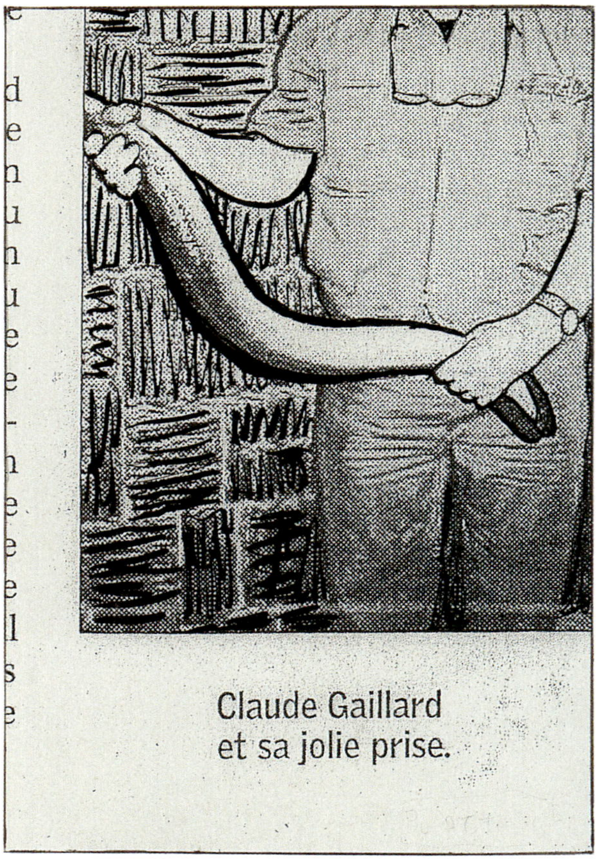
Claude Gaillard et sa jolie prise.

30 OCTOBRE
LÀ OÙ ILS SONT CONS, C'EST QU'ILS CASSENT EN BAS DE CHEZ EUX.

Le cœur sur la patte
st une femelle genre
d'environ un an, sa
colore.
ce et affectueuse, elle
uver rapidement un
ureux. Venez vite la
au Refuge !
votre venue, elle était
oubliez pas que, dans
voisins, d'autres co-
dent autant qu'elle…
t chats trouvés er-
labrador, mâle, robe
ierchaume.
braque, femelle, robe
hetée blanche, Mon-
nre cocker, mâle robe
Berthenoux.
en, femelle, robe ti-
i-long, Velles.
n, femelle, robe noire
berger, mâle, besoin
Alzane, genre épagneul vous attend.
31 OCTOBRE
JE SERAIS EUX, J'IRAIS CHEZ NOUS…

ek-end country
ivement
ière, sa-
rées de
untry »
nifique-
teau de
West »,
mposée
ns pas-
st-Amé-
nce de
en Tou-
à, après
out aux
l'amitié
ériard, à
de, sait
Un week-end à l'heure américaine.
… CASSER.
TU PRÉFÉRERAIS QU'ILS FOUTENT LE FEU CHEZ TOI ?

UROUX
NON MAIS…
énévoles récompens
CECI DIT…
Le bénévolat mérite d'être encouragé.
d'Issoudun et également à Alain
Pierrat qui, de 1983 à 2004, a as-
paralympiques de Sydney,
d'Athènes et aux divers cham-
pionnats du monde et d'Europe.
centre natio
routière a qu
née par Jean

chez eux c'est un peu chez nous !
quoi ?

VATAN
ur de France en chans
L'excellente chorale « Mélodie en sous-sol » de Déol
s'est produite jeudi, à la maison de retraite.

Ben si,
la France !

oui... oui bien sûr... ça.
taisez-vous !
Sarko passe.
Au pied des Pyrénées, une fabrique perpétue la tradition du fouet.
(AFP)
L'ATELIER DU PÈRE FOUETTARD. – De la cravache de luxe au fouet d'atte-
ment du moteur à explosion, la généralisation du tracteur dans les campagnes marqueront le

ÇAY-LE-MALE
Bientôt l'ouverture du carnassier

1er NOVEMBRE
68 véhicules incendiés dans la
À DEMAIN.
C'EST ÇA, DRISS. TRÈS BIEN.
J'AI LAISSÉ L'ARGENT SUR LA TABLE.

ILS FOUTENT TOUT EN L'AIR. MOI AUSSI, SI JE M'ÉCOUTAIS, JE POURRAIS, COMME ÇA, TOUT PÉTER...
OUT VA BIEN
ON SE CONTRÔLE.
2 NOVEMBRE

3 NOVEMBRE
... RACAILLE ...
SI J'EN VOIS UN QUI TOUCHE À MA BAGNOLE JE TIRE DANS LE TAS.
ICI, ÇA VA... C'EST TRANQUILLE MAIS...

4 NOVEMBRE
5 NOVEMBRE
6 NOVEMBRE
7 NOV
8 NOVEMBRE.
ÉTAT D'URGENCE
LE TOUT VA
9 NOVEMBRE

10 novembre.
un café stplé.
et le pti verre di l'eau.
les émeutes de la nuit dernière ont fait en
le bilan est lourd 482 voitures brûlées, 203
interpellations, 38 policiers blessés la veille
ici aussi, ça nous tombe sur la gueule. hier une voiture a brûlé. ma mère n'ose plus sortir de chez elle.
salut, driss.
11 nov
gratuit aujourd'hui
merci beaucoup.
armistice.
LES 2 DERNIER
JOURS MAGIQU
VENDREDI
12 novembre
c'est pas avec tes petits verres d'eau qu'on va éteindre les incendies, hein, driss ?
Huîtres Bretonnes
N°4
5€
ÉLEVÉES EN

t'as vu un peu ce bordel, driss.
il s'en passe la nuit quand on dort.

13 NOVEMBRE.
brème de la Théols
de pêche or-
çois Barbier,
lle Gaule » de
hé cette jolie
57 cm).
ère place au
et la troi-
ensemble de
du plus gros
qu'est-ce qu'ils veulent les jeunes comme toi, driss, tu sais ?
nt à 2,250 (
c d'aller ta-

D'AIGURANDE
pour l'amicale
suis vieux moi... sais pas.
ple a fait une ovation aux acteurs de l'Amicale des jeunes.

14 NOVEMBRE
quand est-ce que ça va finir ce bordel ? ras le bol !
CRÉA' TIF
15 NOVEMBRE
HA !
j'ai plus assez de monnaie pour le café.
je te paie demain, patron. promis.
je fais plus crédit, c'est fini. avec tout ce qui se passe. terminé. voilà.
LE CRÉDIT EST MORT.
ncours d'obéissance réussi
Les concurrents attendent leur tour pour les épreuves.
ub d'éducation canine de
eu, a organisé
concours d'o
x jours. Le tem
a permis au
e travail des chi
ant deux jour
et un
outes races, ont pu mon-
Laudier, élève juge, qui a pu ap
prendre les ficelles de la cotation
résultats
U.- 1 Vodka à Mme Da
al ; 2 Vasko à Chaudet Au
3 Tyran à Delaunay Irène.
vet.- 1 Up à Le Mene Lydia
ne à Lavenu Jean-Michel
tu me comprends ?

Il n'y a p as d'âge
pour devenir journaliste
Les maternelles du centre de loisirs ont participé au journal en créant un petit volcan.
Choisir les sujets, faire
défini un projet pour nos activi-
j'y comprends l'essentiel...
Les présentateurs ont répété plusieurs fois avant de se lancer devant leurs camarades.
(Photos NR, Stéphane Gaillochon)
créé des cartes du monde en in-
8 ans aujourd'hui, présentait la
plus personne au fond il s'accorde plus du crédit. nulle part.
peut-être.
Chaque enfant a pris plaisir à façonner la terre.
DAVID PRUDHOMME

FRANCE INFO
LE MATIN, J'AI BESOIN QU'ON ME RÉPÈTE
TU AS BIEN DORMI? TU VEUX DU CAFÉ? TU AS BIEN DORMI? TU VEUX DU CAFÉ?
PÉTILLON

0%
3%
5%
7%
45%
50%
55%
93%
95%
97%
100%

yellow magenta cyan black

YELLOW MAGENTA CYAN BLACK PMS000 | BACKGROUND SILVE

France Info, 20 ans d'infos, le CD

Quand les uns et les autres
nous nous retournons
sur l'actualité des vingt dernières années,
ce ne sont pas forcément
les mêmes dates qui reviennent
à nos mémoires.

Les événements dont
vous trouverez ici une trace sonore sont
souvent ceux qui ont inspiré
les auteurs de la bande dessinée
que vous venez de lire,
mais pas toujours.

Montage
élaboré
par l'équipe
de France info
à partir
des archives
de l'INA

1
Lundi 1er juin 1987,
La naissance France INFO
Roland Faure, Michel Goujon, Jean-Paul Rolin

2
19 octobre 1987,
Le krach boursier
ITW actionnaire, Jean-Luc Hees, Jean-Pierre Gaillard, Lionel Stoléru

3
4 mai 1988,
Les otages du Liban...
Extrait journal Antenne 2 Claude Sérillon, Jean-Paul Kauffman, François Mitterrand, Renaud Fessaguet

4
4 et 5 juin 1989,
La révolte de Tienanmen
Ambiance Tienanmen, cuisinier français à Pékin, Anne Chépeau, Ursula Gauthier, Philippe Lecorre

5
9 novembre 1989,
La chute du Mur de Berlin
Ambiance Berlin, témoignage berlinoise, Damien Givelet, Gérard Scheer

6
11 février 1990,
Libération Mandela
Pascale Chelais, Isabelle, 16 ans (auditrice France Info), Nelson Mandela

7
2 mars 1991,
Décès de Gainsbourg
Extrait chanson « je voudrais tant que tu te souviennes », Brigitte Bardot ITW, Florence Leroy

8
6 mai 1994,
Tunnel sous la Manche
Son tunnel

9
6 avril 1994,
Génocide Rwanda
Nicolas Poincaré, Ingénieur aéroport Roissy

10
11 juillet 1995,
L'enclave de Srebrenica tombe aux mains des serbes
Christiane Bertiome du HCR ITW, Eric Biégala

11
25 juillet 1995,
Attentat St-Michel RER
Témoignage, Florence Leroy, Michel Polacco

12
29 juillet 1996,
Victoire de Marie Jo Pérec au 400m lors des JO d'Atlanta
Son Marie Jo Pérec 23", MJ Pérec ITW France Info

13
12 juillet 1998,
Victoire de l'équipe de France de football
ITW Catherine Pottier par JB Urbain

14
26 et 27 décembre 1999,
La tempête en France
Itw Pascal Delannoy par JB Urbain

15
11 septembre 2001,
Attentats du World Trade Center
Franck Noblesse, Yves Izard, Dominique Esway, Cyril Guillot, témoin français ITW France Info, Pascal Dervieux, Lionel Jospin, Jean-Pierre Gaillard

16
1er janvier 2002,
Passage à l'Euro
Éric Chataignon, Julie Bloch Lainé, Claude Bruillot, Raymonde Oharot, interviewée par Claude Bruillot, Julien Prunet

17
20 mars 2003,
Début de la guerre d'Irak
Extrait EM spéciale, Olivier Bost, Renaud Bernard

18
Du 13 juin au 9 octobre 2003,
Maud Fontenoy traverse l'Atlantique à la rame
Maud ITW France Info

19
26 décembre 2004,
Le tsunami
Témoignage anonyme

20
1er décembre 2005,
Acquittement des six derniers accusés d'Outreau
Dominique Loriou, Daniel Legrand, Maitre Dupond Moretti, avocat

1 à 11 : chroniques de Jean-Baptiste Urbain
Coordination : Jean-Louis Grzeskowiak et Barbara Merle
Présentation : Marion Lasserre
Musique : Éric Renard, Éd. 21 Juin
Documents : archives de l'INA

DES MÊMES AUTEURS

Si vous avez aimé leur histoire, voici quelques titres à découvrir des auteurs qui ont participé à cet ouvrage.

PAGE 7 – DAVID B

Le Jardin armé, Éd. Futuropolis
Les Complots nocturnes, Éd. Futuropolis
L'Ascension du Haut-Mal (6 volumes), Éd. L'Association
La Lecture des ruines, Éd. Dupuis
La Bombe familiale, Éd. L'Association

PAGE 17 – GUY DELISLE

Louis au ski, Éd. Delcourt
Pyongyang, Éd. L'Association
Shenzhen, Éd. L'Association

PAGE 27 – JEAN-DENIS PENDANX & CHRISTOPHE DABITCH

Abdallahi (2 volumes), Éd. Futuropolis

CHRISTOPHE DABITCH

Voyages au pays des Serbes, dix ans après, avec David Prudhomme, Éd. Autrement

PAGE 37 – KRIS & THIERRY MARTIN

KRIS

Un homme est mort, en collaboration avec Étienne Davodeau, Éd. Futuropolis
Toussaint 66, dessin de Lamanda, Éd. Delcourt

THIERRY MARTIN

Vincent, mon frère mort-vivant, scénario de Jean-Marc Mathis, Éd. Soleil

PAGE 47 – JACQUES FERRANDEZ

Carnets d'Orient (8 volumes), Éd. Casterman
Les Tramways de Sarajevo, Éd. Casterman
Retours à Alger, en collaboration avec Rachid Mimouni, Éd. Casterman
La Boîte noire, scénario Tonino Benacquista, Éd. Futuropolis/Gallimard

PAGE 55 – JEAN-PHILIPPE STASSEN

Cœur des ténèbres de Conrad, texte illustré et commenté par Stassen et Venayre, Éd. Futuropolis
Les Enfants, Éd. Dupuis
Deogratias, Éd. Dupuis
Le Bar du vieux Français, scénario de Denis Lapière, Éd. Dupuis

PAGE 65 – PHILIPPE DUPUY & CHARLES BERBERIAN

Monsieur Jean (8 volumes), Éd. Les Humanoïdes associés et Dupuis
Journal d'un album, Éd. L'Association
Carnets (4 volumes), Éd. Cornélius
Tout l'univers de Dupuy et Berberian, Éd. Panama

PAGE 73 – BLUTCH

La Volupté, Éd. Futuropolis
C'était le bonheur, Éd. Futuropolis
Vitesse moderne, Éd. Dupuis
Peplum, Éd. Cornélius
Mitchum, Éd. Cornélius
Le Petit Christian, Éd. L'Association

PAGE 83 – JEAN-C. DENIS

Le Sommeil de Léo, Éd. Futuropolis
La Beauté à domicile, Éd. Dupuis
Quelques mois à l'Amélie, Éd. Dupuis
Le Pélican, Éd. Albin Michel
L'Ombre aux tableaux, Éd. Albin Michel

PAGE 93 – CHARLES MASSON

Bonne Santé, Éd. Casterman
Soupe froide, Éd. Casterman

PAGE 103 – EMMANUEL GUIBERT, DIDIER LEFÈVRE ET FRÉDÉRIC LEMERCIER

Le Photographe (3 volumes), Éd. Dupuis

EMMANUEL GUIBERT

La Guerre d'Alan (2 volumes), Éd. L'Association
La Fille du professeur, scénario de Joann Sfar, Éd. Dupuis
Le Capitaine écarlate, scénario de David B, Éd. Dupuis

DIDIER LEFÈVRE

Voyages en Afghanistan, Éd. Ouest France

PAGE 117 – **ÉTIENNE DAVODEAU**

Un homme est mort,
en collaboration avec Kris, Éd. Futuropolis
Les Mauvaises Gens, Éd. Delcourt
Chute de vélo, Éd. Dupuis
Rural !, Éd. Delcourt
Quelques jours avec un menteur, Éd. Delcourt

PAGE 127 – **BARU**

L'Enragé (2 volumes), Éd. Dupuis
Les Années Spoutnik (4 volumes), Éd. Casterman
L'Autoroute du soleil, Éd. Casterman
Vive la classe !, Éd. Futuropolis
Bonne Année, Éd. Casterman

PAGE 137 – **PIERRE CHRISTIN & GUILLAUME MARTINEZ**

PIERRE CHRISTIN
Le Voyage de Léna,
dessin d'André Juillard, Éd. Dargaud
Valérian (20 volumes),
dessin de Jean-Claude Mézières, Éd. Dargaud
Fins de siècle, en collaboration avec Enki Bilal,
Éd. Casterman
Agence Hardy (4 volumes),
dessin d'Annie Goetzinger, Éd. Dargaud
L'Homme qui fait le tour du monde,
dessin de Max Cabanes et Philippe Aymond,
Éd. Dargaud

GUILLAUME MARTINEZ
Le Monde de Lucie, scénario de Kris,
Éd. Futuropolis

PAGE 147 – **PASCAL RABATÉ**

Les Petits Ruisseaux, Éd Futuropolis
Ibicus (intégrale), Éd. Vents d'Ouest
Bienvenue à Jobourg, Éd. Le Seuil
Un Ver dans le fruit, Éd. Vents d'Ouest

PAGE 157 – **JOE SACCO**

Gorazde, Éd. Rackham
Palestine (2 volumes), Éd. Vertige Graphic
The Fixer : une histoire de Sarajevo, Éd. Rackham

PAGE 167 – **SIMON HUREAU**

Tout doit disparaître, Éd. Futuropolis
L'Empire des hauts murs, Éd. Delcourt
Palaces, Éd. Ego comme X

PAGE 177 – **PIERRE BAILLY & DENIS LAPIÈRE**

Agadamgorodok, Éd. Dupuis
La Saison des anguilles, Éd. Dargaud
Ludo (6 volumes), Éd. Dupuis

PIERRE BAILLY
Petit Poilu,
scénario de Céline Fraipont, Éd. Dupuis

DENIS LAPIÈRE
Un peu de fumée bleue...,
dessin de Ruben Pellejero, Éd. Dupuis
Le Tour de valse,
dessin de Ruben Pellejero, Éd. Dupuis
La Dernière des salles obscures,
dessin de Paul Gillon, Éd. Dupuis
Le Bar du vieux Français,
dessin de Jean-Philippe Stassen, Éd. Dupuis

PAGE 187 – **ÉTIENNE LE ROUX & LUC BRUNSCHWIG**

La Mémoire dans les poches, Éd. Futuropolis

LUC BRUNSCHWIG
Le Sourire du clown,
dessin de Laurent Hirn, Éd. Futuropolis
Le Pouvoir des innocents (5 volumes),
dessin de Laurent Hirn, Éd. Delcourt
L'Esprit de Warren (4 volumes),
dessin de Servain, Éd. Delcourt

PAGE 197 – **DAVID PRUDHOMME**

La Marie en plastique,
scénario de Pascal Rabaté, Éd. Futuropolis
La Tour des miracles, de Brassens,
en collaboration avec Étienne Davodeau,
Éd. Delcourt
La Farce de maître Pathelin, Éd. de l'An 2
L'Oisiveraie (2 volumes parus),
Éd. Le Rideau d'arbres

Remerciements à

Roland Faure et Jérôme Bellay, sans qui ce livre n'existerait pas puisque France Info n'existerait pas, à Pascal Delannoy et Michel Polacco qui ont permis à la chronique BD Bande dessinée et au Prix France Info de la bande dessinée d'actualité et de reportage de voir le jour et de perdurer, à tous les journalistes de France Info qui se sont succédé dans le jury du Prix France Info, et, au-delà, à tous les confrères qui font vivre l'antenne depuis 20 ans. Merci à Jean-Pierre Guéno des éditions Radio France. Merci enfin, évidemment, à tous nos auditeurs.

JCO

Merci à René Pétillon pour son aimable autorisation.

Les textes de présentation ont été écrits par Jean-Christophe Ogier, directeur adjoint de France Info.

Nous remercions Latino Imparato et les éditions Rackham pour la police de caractères Joe Sacco.

Les couleurs de l'histoire de Guillaume Martinez et Pierre Christin sont de Kness.
Les couleurs de l'histoire de Dupuy et Berberian sont de Ruby.

www.france-info.com

Traduction de Sidonie Van den Dries

Conception et réalisation graphique : Didier Gonord pour Futuropolis

Dessin de couverture : Pascal Rabaté

Cet ouvrage a été imprimé en février 2007, sur du papier Périgord de 130 g.
Photogravure : Color'Way
Imprimé et relié chez Qualibris.

Dépôt légal : mars 2007
ISBN : 978-2-7548-0093-8

717118